造形素材にくわしい本

子どもが見つける創造◎路

はじめに

「造形素材にくわしい本」をお届けします。

子どもたちが造形活動を進める上で，素材は大きなきっかけとなるものです。素材に導かれ，素材と語らい，素材に自分の思惑を織り込みます。

活動に寄り添う教師は，子どもの理解とともに，活動に使われる素材に「くわしく」なければなりません。「くわしく」とは，素材個々の材質や特質にくわしいことはもとより，子どもとの関わりに素材を位置づけて，その変容のやりとりに「くわしく」なるということです。

素材は，わたしたちの周りの多様な場所に，多様な形で置かれております。ものが溢れている昨今においては，まず自らの手で造形活動に適した素材を探索する必要があります。

また，造形活動そのもののあり様も様々です。まずは，その活動とねらいを明確にしなければなりません。ところがこの造形活動の解明や計画も，子どもの実態や素材の多面性との関わりの中で探索しなければ，机上の空論になるものです。

このように，「素材 ― 活動 ― 子ども」は，トライアングルのような相関にあります。素材は実に豊かなものを内包しております。それをひらくことが，造形のはじまりです。それを活用していくのが，造形そのものです。

ひらくことも，活用することも，子どもに委ねられるのが図工であり，美術の教育です。

豊かな素材と子どもの豊かさが，ひらき合う造形活動が展開されなければなりません。教師はこの「ひらき合い」の中で，自らをどこに位置づけ，何をすべきかの感覚をもち，判断することが求められます。

本書が，そのような相関を前にして素材を考えるとき，少しでも参考になれたら幸いです。

目次

はじめに ……………………………… 3

PART.1
子どもと素材の関係について
くわしくなる ……………………… 7

子ども観と指導観 …………………… 8
《素材》と《材料》 ………………… 10
素材への働きかけ＝アプローチ …… 12
指導計画と素材の系統性 …………… 14
創造回路が結ばれるとき …………… 16
つくり合いの造形 …………………… 18
素材の集め方・買い方 ……………… 20
素材の保管と場所 …………………… 21

PART.2
素材について
くわしくなる ……………………… 23

紙

材系図 ………………………………… 26
アプローチマップ …………………… 27
薄紙 …………………………………… 28
中厚紙 ………………………………… 30
厚紙 …………………………………… 31
ダンボール …………………………… 32
石油合成紙 …………………………… 33
紙加工品 ……………………………… 34

紙を生かした造形活動 ……………… 36

column　身体性のとらえ方 ………… 44

木材

材系図 ………………………………… 46
アプローチマップ …………………… 47
板材 …………………………………… 48
平板材 ………………………………… 49
角材・丸材 …………………………… 50
木片・竹・籐 ………………………… 52
樹木材 ………………………………… 53

木材を生かした造形活動 …………… 54

column　一枚の板から材 …………… 60

土・石・粉

- 材系図 ……………………………… 62
- アプローチマップ …………………… 63
- 土粘土 ………………………………… 64
- 合成粘土 ……………………………… 68
- 石 ……………………………………… 72
- 砂・土 ………………………………… 73
- 粉 ……………………………………… 74
- 土・石・粉を生かした造形活動 …… 75
- **column** 自由粘土の手渡し …… 78

布・ひも・テープ

- 材系図 ……………………………… 80
- アプローチマップ …………………… 81
- 布 ……………………………………… 82
- テープ（粘着） ……………………… 84
- テープ（非粘着） …………………… 85
- ひも・ロープ・バンド ……………… 86
- 布・ひも・テープを生かした造形活動 …… 88
- **column** 自立材と非自立材 …… 90

化成材

- 材系図 ……………………………… 92
- アプローチマップ …………………… 93
- ビニル ………………………………… 94
- ペットボトル・プラスチック ……… 96
- アクリル・塩ビ・スチロール ……… 98
- スポンジ ……………………………… 99
- 化成材を生かした造形活動 ……… 100
- **column** 主材料と副材料 ……… 106

金属

- 材系図 ……………………………… 108
- アプローチマップ …………………… 109
- ワイヤー・針金 …………………… 110
- その他の金属材 …………………… 111
- 金属を生かした造形活動 ………… 112
- **column** 造形活動題材名ものがたり …… 114

電気・光学機器

- 材系図 ……………………………… 116
- アプローチマップ …………………… 117
- ライト ……………………………… 118
- モーター …………………………… 119
- 映像・音響 ………………………… 120
- 電気・光学機器を生かした造形活動 …… 121
- **column** ノスタルジック素材ものがたり …… 124

環境・場所

- 材系図 ……………………………… 126
- アプローチマップ …………………… 127
- 環境・場所を生かした造形活動 …… 128
- **column** 四季に寄り添う全校造形活動 …… 131

あとがき …………………………… 132

東京都足立区ギャラクシティでのワークショップ

PART. 1

子どもと素材の
関係についてくわしくなる

子ども観と指導観

図画工作・美術の授業を展開しようとするとき，子ども（児童・生徒）の表現活動をどうとらえ，子どもの豊かさをどう引き出すかという［子ども観］や［指導観］をもとに，造形活動が計画され，設定されます。

「図工・美術の活動を通して，子どもが何を感じ，何を考え，何を育むことが大切であるか？」

この問いかけはすべての造形活動の基底になくてはならないものです。この問いかけを実現するために，適切な《素材》を選択し，その《素材》が最大限に生きる提示を考えるのが教師の役割でしょう。
ここではまず，造形活動を考える上での基礎部分について触れておきたいと思います。

［子ども観］ここが子どもの「すごい」ところ
考える前に手が出る

最初に，結論じみた子ども観というより，子どもの表現の様相なるものを見てみましょう。
なぜなら長年，図工室で子どもの表現活動に寄り添ってきた中で，子どもたちから一番に受ける印象は「図工に寄せる熱い思いと積極性」であるからです。そんな子どもたちの積極性と活動力が，子どもの「すごい」ところなのです。
また，作品を通して「子どもの表現は実に豊かで，面白い」という印象とともに，そんな活動に見られる「子どもならではの活動の進め方」にも目を見張る思いがありました。

造形における子どものとらえ方，進め方
- 身の回りのものや出来事に寄せる関心の強さ
- 表現することへの興味関心の強さ
- 表現に取りかかる直観的な決断の早さ
- 自分のやり方を見つけ，つくり上げようとする独自性
- 体を通した感覚から，ものを認識していく感受性
- ものに触り，関わりながら，
  つくりたいものを見つけていく操作性

ここに挙げている事項を読み進めていきますと，子どもの造形の「すごい」＝「子どもの勝手次第，やりたい放題じゃないかい」と思わず自分でも漏らしてしまいそうです。でも，そのような「考える前に手が出る」という積極的な姿こそ，まさに子どもの「すごい」なのであります。長い小学校図工専科時代，毎学期の「評定」において，「造形に興味関心がある」という項目には，どう見ても，C評価がつく子どもはいませんでした。「大いにある」がほとんどであり，それが子どもの実情なのです。逆に，「興味関心がない」としたら，それは「指導の問題です」「課題設定の問題です」と断言します。

勝手にやってしまうパワー

細かい表現様式の分析を待つまでもなく，実はこの勝手にやってしまうパワーこそ，子どもが本来もっている造形の特質であり，エネルギーなのです。このパワーは幼少期から見られます。造形の範疇以前に，子どもは身の回りのものに強い関心を抱いております。しかも，その確かめには全身のあらゆる感覚を動員します。見ながら，触りながら，感じながらつくっていく，「感受⇄製作の一体化」とでも言いましょう。
ところが，このパワーも小学校も高学年になると，徐々にダウンし始めてしまうのです。なぜでしょう。造形表現を「教え導かなければ」とする考えと，「子どもの豊かさを引き出すべきだ」という二つの考えが，現場や実践でうまく組み合っていないのかもしれません。いずれにしろ，この子どもの「勝手にやってしまうパワー」が，トーンダウンしてしまいがちなのです。小学生の子どもに「図工の好きなところは，どこですか？」と問いますと，「自由にできること！」という声が多く返ってきます。実は，子どもの表現の特性としての「独立独歩的，自由気まま」は，生来的なエネルギーに込められた熱望であるようです。この点から，子どもたちの「図工・美術大好き」には，「自由にやりたい！」という子どもたちの要望が含まれていることを忘れてはならないと思います。

図工・美術には，この「子どもの自由気まま」待望心にどう応えるかが求められているように思えるのです。つまり，

「勝手にやってしまう」子どもの造形パワーの確かめと、その復活こそ、図工・美術における大きな課題であるようです。

[指導観] 子どもの「すごい」を支えるために
子どもを刺激する《素材》の魅力

子どもの造形のこの「勝手にやってしまう」すごさに、実は《素材》が深く関わっています。
何もないところでは、勝手にはできないのです。目の前にものが、《素材》があるから、手が出ます。子どもは幼い頃から、ものを見るとじっとしてはいられないのです。何しろ、先に手が出てものに触ります。とんだ失敗をすることもあります。

ものを触りながら、ものの「いろいろ」を確かめたり、面白がったりします。「勝手に」は、逆にものが子どもたちを刺激し、誘っているのかもしれません。幼児にとって、ものはそれほど魅力に満ちているのです。

幼児の回りには、重厚で、危険なものは置かれません。ほとんどが安全で、愛情の込められたものです。柔らかな紙や布が、最初に出会う《素材》かもしれません。それをただ触るだけの受け身から、こちらからものへ向かうという能動への転換が起きます。ものへの、働きかけのはじまりです。それは、「いたずら」という遊びでもあります。
ティッシュペーパーの箱から飛び出した柔らかな紙は、なんと魅力的でしょう。それを引き出す大人の姿も幾度か目撃していますから、恐る恐るそれを引き出すでしょう。すると、なんと引き出した先から、次の紙がまた頭をもたげているではありませんか。
次々に引き出されたフワフワ紙が散らばります。それを今度は、手で集めたり、くしゃくしゃに丸めたりするでしょう。ここに、造形への「勝手さ」の原点があります。それが、「面白そうな気がする」のです。そして、それは実に「面白い」のです。
小学校に入り、やがて高学年になるにつれ、体験するものは多様化し、重厚さを増します。
厚い木材や針金など、安全を保障された優しいものだけではありません。「勝手にやる」には、危険すぎるものもあります。もう手だけでの「働きかけ」では限界があります。そこで、工具や用具の正しい使い方を指導され、安全も身につけます。素材の広がりとともに、その特質と「働きかけ方」が、子どもの中に情報として積み重ねられていきます。

「勝手と自由」を育む題材群

これらを踏まえて、素材との関わりの観点のもと、小学校6年間を見通した題材群を考えてきました。

① 素材の特質のよさに近接する題材群
② 素材への働きかけ方、工具活用を起点にした題材群
③ 素材の生かし方を考え、自分で造形を創る題材群

これらの題材群は、①素材体験②働きかけ体験という意図的・指導的な活動と、それらを踏まえて③自己造形という、相関的な構図で6年間に配置されます。「子どもの自由勝手を見守り、その独自性を保証する活動」は、こうした指導意図の上で設定されます。

素材の生かし方を考え、
自分で造形を創る題材例

低学年
薄葉紙と触れ合う「薄葉紙とあそぼう」▶p.40

中学年
ヌキ板からつくりだす
「はじめての自由木工作(はじめてのトンギコ)」▶p.54

高学年
材料を選びながらつくりだす「わたしのイス」▶p.57
グループで校庭に家を建てる「カーペンターズ」
一枚の板でつくる卒業制作「一枚の板から」

全学年共通
好きな焼き物をつくる「お好み焼き」

《素材》と《材料》

すでにお解りのように，本書には《素材》と《材料》という，二つの言葉がたびたび登場してまいります。
一般的にこの二つの概念は，《材料》という言葉で括られているようです。ここで，各素材を詳しく見ていく前に，確かめのつもりで，この《素材》と《材料》を整理してみたいと思います。なぜなら，この二つの言葉の解釈には，とても大切な図工・美術の考え方や意味が包含されているからです。
まず，『類似例解辞典』（小学館2003）の「原料，素材，材料」の例解事例を見てみましょう。

- 「石油を原料とした合成樹脂」
  …素材×　材料×
- 「旬の素材で料理する」
  …原料×　材料△
- 「工作の材料を揃える」
  …原料×　素材×

例解で注目したいのは，《原料》も《素材》も，ものの分類的な扱いとその様態を示す，大きな括りであることです。これに対して《材料》は，具体的な目的が設定され，目的に合った形状をも含む意味合いで使われています。

図工・美術における《素材》と《材料》

興味深いことに，例解を読み進めると「工作の材料を揃える」は○になっておりますが，「工作の素材を揃える」となると，これは×になっています。日常会話的には，このような言い方はしないとのことでしょうが，果たして本当に×なのでしょうか？　それが，この思索の発端です。
実は，図工室や造形活動においては，この「工作の素材を揃える」はありえるのです。ましてや，この「工作の素材を揃える」という行為に，図工・美術の「素材―材料」の本質が底流しているのです。
つまり，造形活動における《素材》とは，活動が始まるときに子どもたちの前に提示されるもの，《材料》とは，子どもが造形活動の中で，自分がつくりたいものを実現するために，こういうふうに使えそうだと考え，必要な加工をしながら獲得するものと位置づけて，話を進めていきたいと思います。
つまり，造形活動の流れとしては，はじめに「工作の《素材》を揃え」，次に「揃えられた《素材》から《材料》を獲る」ということになります。さらに，この二つの行為の間に「素材を生かす」というもう一つの思考と行為が加わると考えています。

行為の主体を考える

では，素材を揃える，素材を生かす，材料を獲るのは誰かを探ってみます。それぞれの行為の主体を考えてみることは，造形活動のねらいをどこに置くかという点で，極めて重要な選択につながるものと思われます。わかりやすいように，下記のようなチェック表を用意しました。

行為	行為の主体	
	教師 or	子ども
A 素材を揃える	☐	☐
B 素材を生かす	☐	☐
C 素材から材料を獲る	☐	☐

A 素材を揃える

多くの造形活動では，「素材を揃える」のは，大方は教師側でしょう。なぜならここに，図工・美術の授業の設定題材の意図があるからです。つまり素材は，子どもの発達における，働きかけ＝アプローチ（▶p.12「素材への働きかけ＝アプローチ」で後述）に応じた様々なものの中から，選定され，揃えられ，提示されます。

小学校低学年の子どもに，いきなり1枚の木の板を提示して，「好きなものを，切ってつくりなさい」というのは無理です。しかし，素材を紙に替えて「これを切ってつくっ

てごらん」と言えば，これは妥当な素材が揃えられた状態といえましょう。

教師が提示する素材は，木や紙といった材質だけのことを指しているのではありません。実は，小学校の低学年の子どもにも「木材」を揃えることはできます。ポイントは「どんな形状の木材を揃えるか」なのです。

小学校低学年のみならず，幼稚園児にも出会わせることができる木材－それは「木切れ」です。小さな木材の切れ端がたくさん入っているダンボール箱は，小さな子どもにとって「木で遊ぶ」宝箱です。

ただし，「それなら，小さな子には身の丈に合った，その手の中に納まるような素材を揃えるのがよいのか」というと，それは間違いです。なぜなら揃える素材の「形状」は，素材にどんな働きかけをするかで決まるからです。

木だからと，すぐに「のこぎりで切る，釘で打つ」という概念をまず取っ払い，素材と子どもの関わり方を広い視野で見て，働きかけの幅を広げてみましょう。

比較的長い，でもそれほど重くはない木材のヌキ板を何枚か，校庭にいる子どもたちに提示したら，さてどんなことをするでしょうか？　おそらく，そこで展開される子どもたちの活動にこそ，揃える素材は材質や形状で規定されるのではなく，その働きかけで決まるのだという解答が得られるはずです。

B　素材を生かす

幼い子どもたちが，ヌキ板を前に「遊んでいいよ」の言葉だけで，どう動くのでしょうか。チラッと見ただけで，他の遊びに行ってしまうかもしれません。でも，ここで子どもがそれをじっと見つめていたとしたら，これも素材への一つの働きかけだと思います。何枚か重なった長い木材を見ているだけの行為でも，その子なりの「素材の生かし方」なのです。

教師が声を張り上げて，「見なさい！」と叫んだら，「生かす」主体は教師の方に☑が入ります。

子どもたちは，何枚かを手にして，立たせてみるかもしれません。校庭に並べて，つなげるかもしれません。「素材を生かしていく」子どもが，そこに立ち上がります。も

ちろん先生が声高に，「みなさ～ん。力を合わせて，地面にきれいに並べてみましょう」と呼びかけることで，先生による「生かす」の提案がなされ，そこから活動が始まることもあります。

この「素材を生かす」は，子どもたちが造形への目的や方向性をもつということです。

「生かす」は，まさに素材を「活かす」ことです。

C　素材から材料を獲る

材料を獲るといっても，工具を駆使して素材を切り開き，そこから部品を取り出すということだけではありません。材料とは，ここでは造形目的を達成するための部品（役割）ですから，先ほどの長いヌキ板のままでもいいのです。肝心なのは，素材を「どう使うか」なのです。長いまま，地面に並べて，何かをイメージしたら，それは長いままのヌキ板という立派な材料です。つまり，自分の造形に活用するものは，すべて材料なのです。

「この長さが欲しい」と思ったとき，切ることなくそのまま使ったとしても，それはそれで材料です。つくりたい形を想定し，それを組むための一部品として，素材から切ったもの，それも材料です。自分の造形に向けて，素材を選び出し，「自分のもの」にしたら，形状に関わらず，それは「獲得した材料」なのです。

☑が教えるもの

いくつかの造形活動を振り返り，その素材の提示や材料化の行為の主体として，どのくらい子ども側に☑がつきましたでしょうか。教師側の☑はどうでしょうか。実は，健康チェックのように何点以上ならどうするという結論ではありません。ここから，提示した「造形活動内容」の傾向を見ることが大切です。そこに，図工・美術の考え方，子どもの造形の見取りが現れるかも知れません。大切なことは，そこから教師の指導と子どもの主体的な表現活動との兼ね合いを探ることです。これは，授業を見るときの観点にもなります。

素材への働きかけ＝アプローチ

造形活動は，素材に対して子どもたちが手や身体を動かしながら，様々な働きかけをしていくことによって展開されます。働きかけることによって，素材を変容させるのです。その変容から，自分の造形のヒントや方向を見つけます。また，実際に変容させる前に素材を見たり，触れたりということもします。このような，素材を探ったり，実際に変容させたりすることを「素材への働きかけ」と括り，その行為を「素材へのアプローチ」と呼ぶこととします。

さらにその中で，目の前の素材を見たり，触れたり，試しに変容させてみたりして，その素材の特質を探る行為を「探索アプローチ」とします。

探索することによって得たものや実際の変容した形などから，素材をどう使うかを考え，自分の造形のレールに乗せます。そして造形の方向を見定め，次に目的をもって，手や工具を使って素材へ働きかけます。そこから獲た様態・形は，造形のための《材料》となります。これを「材料化アプローチ」とします。

ここで，中学生が行った題材「ホワイト・アート・ポール」の活動の様子を通して，「探索」「材料化」という二つのアプローチを見てみることにしましょう。

アプローチの二つの視点

1 探索アプローチ

体育館に立つ，中学生の三人組の前に，全紙大の中厚紙，白ボール紙が2枚ずつ置かれました。

三人組は，これを「何とかしよう」と考えます。いきなり全紙大の紙に手や工具を用いて，切り刻んだり，小さく折り込んだりはしません。しばらく眺めていることでしょう。やがて，持ち上げたり，触ってみたりして，素材の大きさや材質を「診る」ことでしょう。ここですでに素材への「探索アプローチ」が始まっているのです。やがて，「さて，この紙をどうしようか」と，三人で造形の方向性を話し合います。方向性はまだ漠然としている，まさに「手探り」状態です。「丸めて，立たせたら，どんな形になるかな？」とか，「大きく折り目を入れてみたら，どうなるかな？」とか，目の前の全紙大の白ボール紙の「変形した形」をイメージしながら，造形の到達（完成像）を思い浮かべているのです。

探索によって素材の様態をつかみ，「では，こうしよう」という方向性がある程度はっきりしてきますと，次は全紙の大きい白ボール紙を「では，どうしよう」と具体的な方策を考え，実行に移します。つまり，探索アプローチは白ボール紙の材質を探りつつ，もう片方で「どうやって課題を実現させるか」という方法や手段も探っているのです。このように探索行為は，「材質」を確かめつつ素材の可能性をも探っている，複合的なアプローチなのです。

2 材料化アプローチ

さて，このグループでは白ボール紙が大きく丸められ，テープで留められ，大きな円柱となって空間に立たせられました。つまり，このグループでは「丸めて，立たせる」というアプローチが選択され，それが実行されたわけです。

この手続きが，素材から材料を獲得する「材料化アプローチ」です。材料化は，手や工具による素材への働きかけ全般のことであり，細かく切ったり，折り込んだりすることだけではありません。

他のグループでは，広げたまま床面に置き，一か所を内側に折り込み，それを見ていました。床面に白ボール紙の面が広がり，折り面が高さをつくり，面はわずかな傾斜を伴い広がっています。もうそれは，現代アートの世界です。そのグループは「広げた面」を生かして，「材料化」したのです。空間に立たせた円柱を，さらに高くしたいという方向性をもったグループは，もう1枚の白ボール紙を半分に切って同じように丸めて円柱につけ足し，高さを獲得しました。さらに，残りの半分の白ボール紙を使って，円柱の上の方に装飾的な形をつけ加えました。

これらの活動は，取り組み当初に自分たちで設定した課題から，大きく膨らんだ形となります。材料化アプローチによって，素材を様々な材料に変容させたり，加工したりしながら造形が進みます。活動とともに，このように課題を変えたり，膨らませたりする方向転換も一緒に働きます。

「素材へのアプローチ」は，ものと一緒に，常に課題を見つけ，手法を探しつつ行われるダイナミックなものであります。

授業を設定する前に…教師が行うアプローチ

実はこの活動，実際に行われたときにはアプローチを限定した造形活動でした。
つまり，アプローチを「白ボール紙を丸めて立たせて，つくってみよう」と指定した活動です。それを「造形遊び」に置き換えた想定で語ってきたわけです。
もともとの活動は「品川区小中合同図工・美術区展」での公開授業として行われたもので，作品はステージに展示するという前提がありました。教師側の意図として「ポール化」を起点に活動を設定し，「円柱にしてから，どうするか」を，中学生にバトンタッチするような指導計画です。
ステージには，中学生による様々なホワイトポールが立ち上がりました。それは，中学生による造形の可能性を示す，魅力に溢れたポールでした。
並んだポールを見ながら，わたしの脳裏に，「もし生徒に自由にアプローチを委ねたら，どんな造形が進んだであろうか？」というイメージが湧いてきました。
子どもの造形活動を考えるとき，前提として常に「教師のアプローチ」があります。これはイメージによるアプローチであり，実際に素材に触りながら体験するアプローチでもあります。教師によるこの事前探索アプローチ＋材料化アプローチをもとに，授業が設定されていくのです。
本書では，この「教師のアプローチ」を行う際の参考になるよう，各素材のはじめのページに，その素材で展開されうる探索アプローチと材料化アプローチについてイラストで示した「アプローチマップ」を掲載しました。

アプローチ経験の積み重ねを意識する

このように，造形活動を設定したり，活動を読み取ろうとしたりするとき，その活動におけるアプローチの内容・意図・主体を検証し，考えることが大切になります。
「アプローチ」は経験ですので，その積み重ねを念頭に置いての計画も問われるところです。人間が生来的にもっているような原初的な働きかけ……やぶる，丸める，ちぎるから，工具と技術を駆使する高度なものまで，アプローチは実に多様で，それは素材のもつ特長と密接に関わっています。これらをどう小・中９年間で体験させるかという，アプローチを中核とした造形活動の構造も，教師が考えておく必要があるでしょう。

アプローチを委ねる活動／アプローチを提示する活動

素材の特質とアプローチは，相関にあります。素材そのものがアプローチを誘発することもあれば，その素材には適さないアプローチもあります。「造形遊び」は，アプローチそのものを子どもに委ねる活動です。素材に自ら働きかけ，その素材の変容を契機に遊びが始まり，造形活動が展開されます。ですから，提示する素材は，子どもからの働きかけに十分応対しうる材質と形状，そして安全性をもっていなければなりません。これは，「造形遊び」にも各学年で適した素材があることを示しています。低学年の造形遊びの素材として，薄葉紙や布，木片が取り上げられるように。
一方，限定したアプローチを子どもたちに提示する活動もあります。教師による事前の素材へのアプローチをもとに，その素材ならではの変容を一つ決めて提示するのです。それを造形活動の起点とし，その後のアプローチを子どもに委ねます。
例えば，全紙の白ボール紙のアプローチを最初から子どもに委ね，仮にそれを細かく切ってしまう光景を想像してみてください。これでは，白ボール紙の質を生かすアプローチとは言えません。白ボール紙の場合，「全紙大の大きさ・適度な厚み」が最大の特長です。これを生かすアプローチとして，「丸めて立てて，円柱にする」ことにアプローチを限定しているわけです。

指導計画と素材の系統性

《素材》《材料》《アプローチ》の相関を見据えての積み重ねが重要だということを繰り返し述べてきました。ではアプローチを核にした，具体的な指導計画を考えていくときのポイントを，学習指導要領を参照しながら見ていきましょう。

指導計画を立てるとき，各学年で取り扱うべき材料や用具は，学習指導要領解説に示されたものをもとに考えます。小学校学習指導要領解説　図画工作編第4章の「指導計画の作成と内容の取扱い」の「材料と用具に関する事項」を，以下の表にまとめてみます。

材料と用具に関する事項

学年	材料	用具	その他
低	・土 ・粘土 ・木 ・紙	・クレヨン・パス ・はさみ ・のり ・簡単な小刀類	小物，布切れ，小石，貝殻，共用水彩絵の具，安全な接着剤
中	・木切れ ・板材 ・釘	・水彩絵の具 ・金づち ・小刀 ・使いやすいのこぎり	厚紙，箱，空き容器，布，紙，ひも，彫刻刀
高	・針金	・糸のこぎり	コンピュータ，カメラ，コピー機

着目すべき点は，すでに1・2年の段階で，今後，活動に使うであろう主材料（ここでは粘土，木，紙類）がすべて揃っていることです。解説を読み進めれば，掲げられた材料・用具は，『その後の学年で繰り返し取り上げるようにし，材料や用具を使ったり生かしたりする経験を重ねながら，児童がそれらの適切な扱いに慣れるようにすることを示している』と記されています。つまり，1・2年で掲げられた主材料は，その後小学校6年間の造形活動で，繰り返し取り扱われ，学年に応じた用具が加えられていくということです。

例えば，1・2年生の材料として「木」が掲げられています。「木」と聞くとき，多くの人は，それで何かをつくる「木工作」をイメージし，「5・6年生の材料」と思われがちです。でも実は「木」も，1年生から6年生までの材料として，「その後繰り返し取り扱われる」ものとして掲げられているのです。ここで前述した「《素材》と《材料》」（▶p.10）に立ち戻ります。つまり，そこには「揃えるべき木の形状を考えること」が示唆されているのです。

指導要領の解説には，まず「木」の素材ガイドがあり，『木には，枝，根っこ，木片，おがくずなどがある』と説明がついています。この木の解析から，それぞれの木の様態に応じて，それで遊んだり，簡単な工作をしたりすることなどの活動も連想されます。

その解説書の「木の取り扱い」を学年順に追ってみると下記のようになります。

> **低学年**
> 体全体でかかわる材料
>
> **中学年**
> 木切れ，板材，釘，のこぎりは，切ってつないだり，組み合わせたりするのに適切
>
> **高学年**
> 糸のこぎりは，板材を曲線に切ったり，抜いたりするなど，切断が自由にできるので，児童の発想や構想などに幅ができるもの

このように「木」という多様な素材の様相に，それぞれの学年は，どう関わることが望ましいかが示されています。これは木へのアプローチ提示でもあります。

つまり，1・2年生では，木と体全体で関わることを提示し，その探索とともに遊びへの展開を図ります。

3・4年生では「のこぎり」の活用によって，木から自分の工作のための材料を獲ることができるようになります。

5・6年生では，「糸のこぎり」を使い，木から多様な形の材料を獲れるようになり，そのことから，工作の発想や組み立ての工夫が一層広がり，深まることが示唆されているのです。

以上を踏まえて，教師が素材の系統性と，それに沿った年間指導計画を考えるとき，大切にしたいことが二つあります。

POINT 1
素材の多様な分析をする。
つまり、素材の材質のよさ、形状の広がりなどを
体系的に把握すること。

繰り返しになりますが、木材であれば校庭の「樹木」から小さな木切れまで、その素材の幅広さをときには体感しながら、個々の特質と合わせて体系的に把握しておく必要があります。

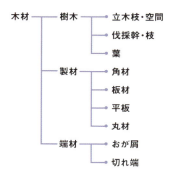

本書では上の図をもとに、造形活動を意識した素材分類として、「材系図」を各素材の最初に示しました。ここから、素材の全容と個々の派生材、加工材とを総合的にとらえます。

形状の広がり①「校庭の樹木」

形状の広がり②「積み重ねられた小さな木切れ」

POINT 2
子どもと素材との関わりについて、
その多様な方法・手段（身体・工具・空間）を
理解しておくこと。

素材への働きかけの手段・方法も、身体から高度な工具まで体系的にとらえ、素材の体系と照合しつつ、造形計画に配置されなければなりません。

本書ではアプローチマップとともに、各素材を紹介するページにおいても、その素材ごとにアプローチを詳しく分類し、素材の特質を記した上で、その特質を造形の可能性に転じさせる試みをしています。この「特質」と「活動」を一緒に検証し、そこから生まれた実践や広がりは「題材」「例」「参考」として別に示しました。また、各素材の後ろには、それまで紹介した特質を生かした具体的な題材紹介を掲載することで、その関係性を明確に伝えることを意図しています。

創造回路が結ばれるとき

子どもが造形活動をする大切な目的は、それは端的に「すばらしい作品をつくり上げること」です。さらに、その意味は？ と問われたら、「目の前のもの＝素材を生かしつつ、改変しつつ、それを自分の造形に取り込みながら、造形を実現するまでの道筋を自分で創っていくこと」と答えます。ここで、「つくり上げる」は、『創り上げる』に意味が深まります。そして、この創り上げていく過程において、《創造回路》が結ばれていくことになります。
『創造回路』を見つけ、それを結んでいくのは、子ども自身です。ここに、本書のサブタイトル『子どもが見つける創造回路』の大切な意味があります。

創造回路とは

回路とは、エネルギーや電流が巡回する通路のことです。電気回路なら、すぐ単純な豆電球回路が想起されます。ここから、子どもの「いいこと考えた」の閃き＝「パッ」と、電球が点いた図を思い浮かべます。しかしよく思い出してみると、その電球はソケットもない、配線もない、むき出しの電球が頭の上に浮かんでいるだけです。正直、創造回路をこの「いいこと考えた」に重ねて説明しようと思いましたが、そんな単純な説明で語れるものではないと、ここで「断線」しました。おそらくは、そんな簡単な回路ではないのです。
仕切り直して、創造回路は単純な豆電球回路ではありません。電池エネルギーは、子ども自身の造形に向かう意志や実際のアプローチであり、その先にはつくりたいものの形が直結されています。これを電球とするならば「結局同じではないか」と思われるかもしれませんが、そこには大きな違いがあるのです。
まず、この回路は、単純回路のようにスイッチONによる、一瞬の閃き点灯ではなく、回路自体が複雑に巡らされ、錯綜する網の目のようになっています。パーツも、電池と電球だけでなく、センサー機能があり、蓄積された経験や、技術を貯めこんだ「コンデンサー」なるものもあり、何よりもこの回路網をめぐる流れの速さは、決して一瞬ではなく、かなり時間がかかることもあります。
そして創造回路の最大の特長は、造形課題が提示される度に、また電池からコードを延ばすようにつくられるのではなく、回路自体が積み重ねられていくものだということです。ですから、活動を重ねるたびに回路も様々に張り巡らされ、これがやがて回路網となるのです。
回路網ができる過程で、実際に線が結ばれるのは「新しい素材」と出会ったり、「新しいアプローチ」を経験したりしたときです。多くの場合は、既存の創造回路を見つけ、辿っていくことでしょう。でも何より大切なのは、その回路を見つけたり、辿ったり、新たに結んだりするのは、造形の主体である子どもだということです。ここに『子どもが見つける創造回路』の意味があります。

うそっこカメラの創造回路

ここで具体的な造形活動の場面での「創造回路」を見ていくことにしましょう。
「うそっこカメラ」（▶p.41）という題材では、事前にお菓子の箱など、カメラづくりに使えそうな素材を家で集めて持ってきます。図工室でも空き箱をいくつか揃えておきます。この箱を組み合わせて、「かっこいいカメラ」をつくります。写すときに、シャッター音の「カシャリ！」を自分で言うので、「うそっこ」カメラです。この「うそっこ」が子どもたちのカメラの形をぐっと広げ、自由にします。創造回路の電池は、造形の魅力によってボルテージが上がるものです。ボルテージが上がれば、子どもは省エネしません。
お菓子の箱には、様々な形があります。実は素材を集める段階で、「これ、レンズになりそう」などとプリン容器を用意しているとき、創造回路のコードはすでに延びているのです。事前の導入の大切さはここにあります。
そして、持ってきた箱を並べたり、こちらで用意した箱を加えたりするとき、さらなる「配線」が違う方向から延びてきます。このように、提示された副材料や、「箱を歪な形に変形させる」という新しいアプローチに出会うことによって、子どもの創造回路に外側からコードが延びてきているのです。ただし、そのコードを自分の回路に取り込むか、結ばないかは、その創造回路の基盤主体である子どもが決めることです。
空き箱を両手いっぱい伸びるまでつなげた、超々ワイドカメラをつくりだした子どももいました。

足立区ギャラクシティでのワークショップ

ここに、お菓子箱のいろいろな形を様々に組み合わせながら、つくりたい「カメラ」の形を見つけている子どもの姿があります。まさに、試しながら見つけているのです。それは、自分の創造回路を懸命に結んだり、接続を変えたりしているということなのです。

いま一つ、自分のつくっているカメラに納得のいかない子どもがいます。そんなとき、机にあったラップの筒が目に入りました。「これを使って、カメラに足をつけよう！」と思い立ち、筒を3本組み合わせて固定していきます。本人は三脚のつもりであるようでしたが、カメラ生命体の足のようにも見えます。そのせいか、カメラがとても生き生きしてきました。そういった思いがけないつけ足しに、「こういうのもあるんだ」と、子どものすごさを見る思いがしました。

子どもの表現に寄り添っていると、こんな驚きや歓心が度々あります。そんな創造回路に、何とも言えない「子ども時代の豊かさ」を感じつつ、教師の想定を軽快に超えるところに、子どもの表現が息づいていることを感じるのです。

子どもの創造回路を育む

創造回路は、目の前の素材やその操作性だけで結合されるわけではありません。その子どもの生育過程での多様な見聞情報、体験した行為のすべてが蓄積され、パーツとなって回路に組み込まれるのです。

1年生の子どもが、ダンボールの絵の具のにじみを雨の坂道に見立て、そこをトボトボと下る犬の絵を描きました。さみしそうな絵ですが、ダンボールに浸み込むような雨降りの中、犬のしっかりした生命力を感じる絵でもあります。

『雨のなかで犬がいる』

幼さを理由にその表現を低く見たり、指導過剰に傾くことは大きな誤りです。子どもの創造回路に、大人の視点を押し込み、その回路を「改変」することは、許されない指導法です。子どもの創造回路のありかを確かめ、そこから生まれる表現を尊重すること、それは図工・美術が子ども一人ひとりの「自己表現」に寄り添う上での根本的な姿勢なのです。

冒頭、造形活動の目的を「すばらしい作品づくり」と掲げました。この「すばらしい」は、決して「上手な絵や工作」だけを示すのではなく、「一人ひとりが感じ、考え、ものや自分と交わしながら、創り上げていくこと」、その「作品創り」に意味があると、繰り返します。

そして、そこには「子どもの創造回路」があることを、それぞれの現場で確かめることが必要です。

何より、この創造回路は、実際の造形活動を積み重ねて形成されていくものと考えます。

つくり合いの造形

もの・自分・仲間とつくる

表現は，「自己表現」であり，基本的には個人的な行為です。自分で感じ，考え，決め，創り上げることに意味があります。造形で出会う多様な現象にしっかり対峙するのは，個性であり，一人であります。

ところがです。実は一人ではないのです。まず，造形は「もの」と一緒に考えています。ときにはものと相談したり，ものから教えてもらったりすることすらあるのです。ものの変容は，子どもと「もの」との，つくり合いの跡形でもあるのです。

さらに，ここにまた一人が加わります。それはもう一人の「自分」です。子どもがよく活動中につぶやく言葉は，そのもう一人の自分との会話かも知れません。「ここは，もうちょっと……」「うまく，いかないな……」「よし！ できたとするか！」などです。そこにはもう一人，少し「客観的な位置」から造形を見ている「自分」がいるようです。自分ともう一人の自分との会話のやりとりは，活動内容を客観視することや，自己決定の動因となります。

また，実際に子ども同士が関わりながら取り組む「つくり合い」も大切です。その前に，この「つくり合い」は，決して具体的な活動のみを指しません。通常の造形活動の教室にもあるのです。しかし，それは図工・美術室などの場ではなく，造形活動に向かう空間，詳しく言及すれば，一緒に「ものづくり」に取り組むクラスの一人ひとりがつくりだす，造形に向かう「集団の指向力」（ウェーブ）とでも言えましょう。ここに，「一人でつくることの大切さ」から，でも「決して，一人でつくっているのではない」の三つ目が立ち上がります。一緒に造形に向かう空間には，一人ひとりがそれぞれ自己の課題解決に向かいながら，その取り組みの意欲や，試行する動きが満ちています。もちろんその根底には，一人ひとりの造形に寄せる強い興味関心があります。集団でつくるとは，一緒に一つのものをつくるだけにあらず，一緒にものをつくっている空間をともにすることでもあります。もちろん，個人的なそれぞれの課題を見合ったり，紹介し合ったりする意図的な関わりも設定されます。ここで，一人ひとりの取り組みが「つくり合いの場」として共有されるのです。造形へ向かう意気込みはもちろんのこと，隣の子がつくった美しい色，工夫された素材解釈など，真似るということでなく，認め合いながら，それぞれの取り組みが同じ場で高まり合うことになります。図工・美術の指導において，この場の共有「一人だけど，みんなとつくっている場づくり」は，とても大切であると感じます。

グループ活動の条件

一方，実際にグループで行う造形は，計画的でなければなりません。

具体的活動内容としては，「一人ではできないこと」が設定条件となる必要があります。「一人より，大勢の方が面白い」も加味されるかもしれません。つまり，グループの造形は，授業の途中から「これはみんなで取り組ませよう」と決めるのではだめなのです。小学校から中学校の美術までの９年間を見通した「つくり合い」による造形の全体像をもち，「つくり合い」の造形のそれぞれの段階でのねらいを明確にもつことと，各学年の活動が次の学年の活動に連携していくことが望ましいです。

この「つくり合い」活動は，図工・美術の豊かな要素でもあります。そこには「造形物」を構築するという，具体的かつ明瞭な共通目的があります。その目的を実現するというところに，「一緒に」の必然があり，共同思考という「一緒に」考えることの多面性が広がっているのです。

いろいろな「つくり合い」の形

「つくり合い」にも，様々な形態があることを理解しておくことも大切です。「協働製作」とも「共同製作」とも呼ばれるように，「一緒につくる」形は多様です。

「並列型」グループ活動

一緒の場で，同じ造形活動をするものです。これは，特に事前の話し合いなどをせず，広い面や長い面に絵の具遊びをするような，グループでの「出会いがしら」的な活動です。出会うものは，素材，空間，アプローチ，そして人です。

2「共通目標型」グループ活動

共通の造形活動の目標に向かい，1つのものをつくり上げるグループ活動です。課題や素材が揃えられても，最終的な造形の形はグループに委ねられます。
ここでは，話し合いや，ときにはリーダーをはじめ役割分担が必要なケースもあります。

この他に，持ち寄り共同製作などと呼ばれる形があります。共通のテーマのもとに，個人製作をして，それをテーマの場に持ち寄り並べます。例えば「動物園づくり」などと呼びかけ，それぞれの粘土の動物を持ち寄るような活動です。これは「つくり合い」には，加えません。

適切な人数設定と「つくり合い」の積み重ね

グループ活動での大切なポイントは，その活動に沿ったグループの人数です。二人組から十人ぐらいまでのグループ設定がありますが，活動の制約や素材，工具・用具の関係から，グループ成員は多くなりがちです。やはり，事前に活動の分析をして，活動内容に明確に符合する，個が生きるような望ましい人員を考え，設定すべきでしょう。

グループには，同じ学級の子ども同士でなく，学年をオープンにしたり，学年を飛び越えての「異学年グループ（少人数）」にしたりすることも考えられます。
ここで，かつて実施していた，「つくり合い」の造形活動を見てみましょう。

1年生「1年生のペンキ屋さん」（5~6名グループ）
　…片面白ダンボールに，グループでペインティング。

2年生「ふれあい広場に行こう」（4~5名グループ）
　…広場に出す「出店」を考えて，ダンボールでつくる。

3年生「ダンダンダンボール」（4~5名グループ）
　…ダンボールを組んで，つくりたいものをつくる。
　　＊夏には，「ウォーター・パラダイス」▶p.130

4年生「ワクワク・アートフル」（4名グループ）▶p.55
　…ヌキ板材，枠組み工法で，遊ぶものをつくる。

5年生「カーペンターズ」（8名グループ）▶p.58
　…木材で校庭に家を建て，しばらく保全する。

6年生「チャレンジ・ティンゲリー」（2~3名）
　…ものを動かし，音や光を加え，オブジェをつくる。
　　＊中学生でも経験させたい「つくり合い」活動

このように，様々な年齢の段階で「つくり合い」の造形活動を設定し，その経験を積み重ねたいものです。
昔に比べて今の子どもは，地域の年齢を超えての集団遊びや，学校でのグループ遊びですら少なくなっているようです。他者との出会いや共存経験，そしてコミュニケーション能力の育成は，造形活動を待つまでもなく，実に現代的な課題とも言えます。

つくり合いと素材

つくり合いの造形は，素材を真ん中に置いて行われます。この素材を囲んでの話し合いが，グループの成員を共通目標に向かわせ，相互を結びつけ，その造形を推し進める，重要な役割を担います。
つくりたいものを決める話し合いでは，つくりたい形の図を持ち寄り，実際の素材を操作しながら探索がなされます。それは単に言葉に留まることなく，具体的な形や方法を示しながらの話し合いとなります。
このように，「つくり合い」の造形は，個人の造形と同様に，素材が誘い，素材との関わりから目的が達成されます。グループ造形では，これに「他者と関わりながら」が加わります。しかし，同じ造形への思いを共有する者は「他者」でなく，造形の「同志」となります。
もちろん思い通りに仲間が一体になるには多くの難題が生じます。しかし，個々の力や思考を合わせることによって，一人では成しえない造形が子どもたちの目前に立ち上がるのは，グループ活動ならではの醍醐味でしょう。

素材の集め方・買い方

いよいよ実際に素材について見ていく前に，素材を集めることについても触れておきたいと思います。
素材には，大きく分けて「収集材」と「購入材」の二つがあり，「収集材」はさらに細かく分類できます。

いただき材

学区近辺で会社や商店を経営している保護者から，倉庫の棚卸や整理の際，不要になったものが出ると「これはあの図工室なら使ってくれる」という気遣いをいただいていました。紙の問屋さんからは，たくさんの全紙大の紙類を，梱包材の問屋さんからは，「価格シール」「お弁当箱」「ひも・テープ類」にいたるまで……。額縁を制作している工房からは，いい木材の切れ端を袋に詰めていただきました。
これらの素材は，感謝を込めて「いただき材」として，図工室の隣にある宝物室に分類され，格納されます。まさに本当の「宝物」でありました。
この「いただき材」の素材を引っ張り出し，自分で手を動かしながら，題材を開発しました。これは「ありがた材」であり，学年全員が使える「たくさん材」でもあります。

呼びかけ材

図工・美術の先生は，学校に赴任したらまず，地域巡りを兼ねて，区域にある工場や商店などを歩いて調査することをおすすめします。もしも木工加工場や紙の問屋さんなどがあったらしめたものです。あとは交渉次第ですが，宝物は待っていてはだめ，まずは探しにいくことです。図工だよりに，各家庭に「不要なものをご提供ください」と，呼びかけるときもあります。
モーターで様々なものを動かし，音や光とも連動させた作品をつくる，題材「チャレンジ・ティンゲリー」では，多量の生活用品が必要でした。このように，造形活動に合わせて，こちらの希望とするものの提供を呼びかけるケースもあります。
ところがです。日頃から図工教育に理解あるがゆえに，家庭にあった様々な不用品を自転車に載せて，届けてくれるお母さんが次々と現れたのです。電気釜，長靴，フライパンから，子ども用自転車まで。図工室はたちまち，リサイクルショップと化しました。自転車が何台も届きましたので，急遽「自転車は，もう……」と，「お礼」のたよりを出す事態になりました。「呼びかけ材」のありがたさとともに，その注意点をも感じたところです。
でも，布の造形をしたときなど，家庭からの端切れの提供は本当に助かり，役立ちました。何より，冒頭でも述べましたが，このような呼びかけから「これ，図工室で使えるね」という会話がご家庭で交わされ，図工への強いご理解とご協力をいただいていたと思っています。

拾った材

街角のごみ集積場からの素材ではありません。それは犯罪になりますから，くれぐれもお気をつけください。ただし，自分の学校から出る不用品を「拾う」分には大丈夫です。備品整備時に出るような，視聴覚機器，音楽室から出る古い楽器，カーテン布地，これらは実際に大活用しました。
本当の「拾った材」は，強風の翌朝にあります。いい小枝が散乱している近くの公園などに，幾度か子どもらと「おそうじ」に出向くわけです。また，校内の樹木伐採が行われるときもチャンスです。ただし，場や数量，形状などには十分に注意を払わなくてはなりません。

やっぱりの購入材

ここまで紹介した「材」はすべて生活の中で不用になったものを見つけ，集める「収集材」です。ただ，ここで誤解のないように明言しておきますが，図工の素材のほとんどは，これらの「収集材」ではなく，年間の活動を考え，厚いカタログや業者さんと相談の上で，先生が自分で選択し，決められた予算と検討しながら買い求める「購入材」なのです。豊かな図工を展開するにはそれなりの予算が必要不可欠であることを，多くの現場の先生方と，子どもたちを代弁して，ここに述べておきます。

…収集材 …購入材

素材の保管と場所

素材を「閲覧―活用」するために

図工・美術に使われる「消耗品」は，年度予算に合わせて購入され，各学年に提供されます。請求は，個別の学年，または図工・美術専科がまとめて学校事務に申し出るのが一般的です。
これらの年間に活用するであろう「消耗品」を事前に確保し，一括保管しておくこと。これを造形素材の中央管理システムと呼んでいました。
購入する消耗品の多くは，画用紙・色画用紙などの用紙類でしょう。しかし，木材などは，新材の他にいろいろな形状の再利用材があります。これらは，子ども自身が，「実物」を見て選ばなければ意味がありません。副材料の木切れからスパンコールまで，細かいものほど「実物」を見ながら，または見比べながら，選択することが望ましいのです。このように，中央管理システムにすることで，素材の実物展示による提供センターができます。
実際には，消耗品の保管場所には，図工・美術準備室が充てられています。ただ，素材すべてを保管するとなると，限界があります。できるなら，空き教室などの活用が理想的です。そこは素材が積まれた保管倉庫ではありません。用紙，木材，粘土，針金から再利用材まで，あらゆる造形素材が種別，形状別に整理され保管されていなければなりません。

子どもたちが《材料》を見つける場所

そこには教師だけでなく，子どもたちも，造形活動ごとに出入りし，そこから素材を吟味し，自分の材料を選び出せる場でもあるべきです。
映画「トントンギコギコ図工の時間」は，こんな素材庫の様子から，物語がはじまりました。そこには，再利用木材が形状別に仕切られ，大きな電線ドラムが横たわり，黒電話や壊れたトランペットまでもがありました。この部屋は，品川区立第三日野小学校時代の図工室の隣にあった空き教室を改造した，素材庫でした。子どもたちにとって，そこにあるものすべてが，図工をする上での宝物でした。ですから，そこを「宝物室」と命名したのです。

『トントンギコギコ図工の時間』より

映画の「わたしのイス」（▶p.57）の場面では，5年生がその宝物室に入り，自分のイスになりそうな木材を「漁って」おります。そこには適当な長さに切られた，古材の丸太，角材，垂木から，ヌキ板，合板までが種類別に区切られ，立てかけてあります。自分のイスづくりのための《材料》になりそうな木材を選択しているのです。これは，教師から指定されたり，手渡しされたりするのに比べ，子どもが自分でつくりたいイスをイメージしながら，素材を選択し，そこから材料を獲得しようとする能動的な行為と言えましょう。イスの自由な形は，このような木材を実際に組み合わせる行為の中から発見されるものです。
素材庫は，このような「素材閲覧室」でなければなりません。子どもたちの造形活動の場として位置づけられるべきです。「素材閲覧室」の存在，そこで行われる行為の重要さが，そのまま造形活動の大切な意味と役割を顕しているように思えます。

子どもの作品を保管する場さえ困っている学校が多くあるかもしれません。しかし，子どもたちが様々な素材に触れ，それらを見比べ，選べる場があることは，造形活動においては不可欠であります。「材料バンク」とか，空き箱を活用しての「移動バンク」などの工夫をしている先生もいます。
素材探索は，子どもが自らの創造回路を立ち上げ，それを増幅させていく場であり，時間でもあるのです。

22　東京都足立区ギャラクシティでのワークショップ

PART. 2

素材についてくわしくなる

紙

柔らかく，素材としての危険性も少ない紙とは，すぐに折ったり，はさみで切ったりするのではなく，もっとゆっくり子どもにアプローチを楽しませたいものです。素材とゆっくり遊ぶことで，その面白さを身体で確かめさせたいのです。

子どものアプローチは，手や足などの身体を使って探る「ちぎる」「さく」「まるめる」「投げる」など原初的なものです。ただそれだけの，何にもならない行為そのものが，実は「遊び」なんでしょう。3歳の女の子は，小さなくしゃくしゃの紙を耳に当て，そっとその音を聴き取り，ニッコリしていました（▶p.44）。目の届かないところで，子どもの小さなアプローチがあるものです。

厚い紙になるほど，教師のアプローチの提示が増え，工具や技法が提示されていきます。「白ボールを丸めて立てよう」など……。しかし，アプローチを教師が提示したとしても，最終的には子どもがその手によって見つけた，その素材の変容との新鮮な出会いを大事にしたいものです。

材系図

薄紙 ▶p.28
- 薄葉紙・お花紙
- 色紙・千代紙
- 和紙・書道紙・版画紙
- クラフト紙・包装紙
- トレース紙
- わら半紙・コピー紙
- 雑誌・パンフレット
- 新聞紙

中厚紙 ▶p.30
- 画用紙
- 色画用紙
- ロール画用紙
- ケント紙

厚紙 ▶p.31
- ボール紙 ─ 白ボール紙・板目紙 / 黄ボール紙
- 工作用紙
- 加工厚紙（ミラーなど）

ダンボール ▶p.32
- 板状 ─ ダブル / シングル / 片面白
- 巻状 ─ 巻ダンボール
- ダンボール箱 ─ カラー片面ダンボール

石油合成紙 ▶p.33
- ユポ紙
- ベックス紙
- プラスチックダンボール
- シール紙

紙加工品 ▶p.34
- 袋 ─ 封筒 / 紙袋（持ち手つき）
- 紙食器 ─ 紙皿 / 紙コップ
- 紙筒
- 紙パック
- 紙箱
- 紙パッキング材

薄紙

子どもが初めて出会う「遊ぶ紙」です。折ったり，丸めたり，投げたり，果てはチラシの裏のお絵描きまで……。やがて学校に入って，ノート，図画や習字の紙……。子どもは薄紙と一緒に育っていくようです。しなやかでやさしい材質とともに，豊かな造形が広がります。

紙 ……薄紙

軽い薄紙
薄葉紙・お花紙

薄葉紙…フワフワ ● 半透過性 ● 全紙大まである
お花紙（京花紙）…24.3×19.2cm ● 柔らかい ● しなやか

活動の展開

薄葉紙
- 体全体でかかわる…ちぎったり，投げたり，丸めたり，包まれたりする。
- 透かす…葉っぱや色セロハンなどをはさんで光に当てる。

お花紙
- 体全体でかかわる…くしゃくしゃにして遊ぶ。
- 詰める…透明な袋に詰めて，形をつくる。
- 切る・ちぎる・貼る…コラージュする。
- 水に入れる…ペットボトルに詰めて，水を入れる。 ゆらりと漂う紙の姿（中学年）

小さな正方形の紙
色紙・千代紙

色紙…正方形の色面 ● 多様な色 ● 両面色違いや，パールカラーもある
千代紙…友禅伝統模様，柄など各種ある

活動の展開
- 折る…折り紙として使う。
- 切る・ちぎる・貼る…貼り絵やコラージュする。
- …折って切り込みを入れ，広げて七夕飾りをつくる。
- …箱に貼って，民芸品風にする。

繊維を漉いてつくられた紙
和紙・書道紙・版画紙

柔らかい ● しなやか ● 自然な繊維質 ● 高い吸水性 ● 白〜伝統色まで，多様な色がある

活動の展開

和紙・書道紙
- 描く・にじませる…墨で描いたり，染料をにじませたりして，水墨画，凧絵，折り染をする。
- 貼る…芯材に貼って固め，張り子にする。

版画紙
- 刷る…インクの刷り取りのよさを生かして，紙版画・木版画・銅版画に使う。

漂白されていない薄紙／色や模様が印刷された薄紙
クラフト紙・包装紙

クラフト紙…薄茶色 ● 表面が滑らか ● ロール状から，加工品の封筒など多様な形態
包装紙…様々な色や模様，大きさがある

活動の展開

クラフト紙
- 体全体でかかわる…くしゃくしゃにしてみたり，自分を包んだりして遊ぶ。
- 描く…クレヨン，水彩絵の具で絵を描く。

包装紙
- 包む…箱や本を包む。
- 切る・貼る…色，柄や模様を生かして，コラージュする。

…収集材　…購入材

半透明の薄紙
トレース紙

透過性がある ● 裂け目が面白い ● 様々な大きさがある

活動の展開
- **写す**…絵や図を重ねて，写し取る（アナログコピー）。
- **切る・裂く・貼る**…切ったり，裂いたり，重ねたりして，コラージュする。
- **透かす**…葉やお花紙，色セロハンなどをはさみ，光を当てる。
  題材 影すくい 影ひろい（中学年）▶ p.129

印刷に適した薄紙
わら半紙・コピー紙

柔らかい ● 安価 ● 身近で手軽 ● 印刷に応じた大きさがある
わら半紙…淡い薄茶
コピー紙…白〜パステルカラーまである

活動の展開
- **描く**…アイデアスケッチに，お絵描き遊びに，どんどん使う。
- **貼り重ねる**…貼り重ねて，張り子の下地紙にする。
- **綴じる**…まとめて綴じて，簡単メモノートをつくる。
- **折る**…折って，紙飛行機をつくる。

活字や写真が印刷された薄紙
雑誌・パンフレット

活字（日本語，外国語）● 色とりどりのページ面 ● 人や商品や旅の写真

活動の展開
- **切る・貼る**…気に入ったものを切り貼りして，コラージュする。
  …写真や柄を切り取り，平面，立体作品に貼りつける。
  …写真風景や商品を切り取って画用紙に貼り，そこから連想して描き加える。

活字印刷された同じ大きさの薄紙
新聞紙

再生紙 ● 多量に無料で入手できる ● 大きい ● 柔らかい
● インク臭 ● 活字（日本語・英語）
新聞紙へのアプローチマップ▶ p.37

活動の展開
- **体全体でかかわる**…敷き詰めたり，丸めたり，ちぎったりして遊ぶ。
  …身にまとってドレスをつくり，ファッションショーをする。
- **包む**…いろいろなものを包む。
  題材 ニュースペーパー・スペース（高学年）▶ p.36
- **組む**…パイプ状にして，組み立てる。
  題材 ペーパーパイプオブジェ（高学年）
- **切る・貼る**…切り貼りして，コラージュする。

中厚紙

学校で最初に出会う画用紙や色画用紙。中厚紙の適度な硬さは，描画だけに留まらず，折ったり，丸めたりなどの変形が自在です。紙のしなやかさと加工しやすさとが相まって，手の動きだけで，平面紙から立体が立ち上がります。

紙 — 中厚紙

白の無地中厚紙　　　　　　　　　　厚さ，紙質が多様にある ● 大きさが多様にある（八つ切〜四つ切をよく使用する）

画用紙

活動の展開
- **描く**…クレヨン，水彩，ペンなど，いろいろな描画材で絵を描く。
- **切る・貼る・組み立てる**…切ったり貼ったりして，紙工作をする。
- **つなぐ**…細く切ってつなげていく，空間遊びをする。

色つきの無地中厚紙　　　　　　　　多様な色や大きさがある ● 多様な質感のものがある
　　　　　　　　　　　　　　　　　● 揉むと布のように柔らかくなる

色画用紙

活動の展開
- **描く**…色を生かして，クレヨン，水彩，アクリル絵の具などで絵を描く。
- **切る・貼る・組み立てる**…切ったり貼ったりして，紙工作をする。
  - **題材** 紙の大工さん（低学年）
- **刷る**…版画用紙として刷る。
- **詰める**…揉んで柔らかくして，中身を詰めたぬいぐるみをつくる。

長く，ロール状に巻いてある紙　　　　幅90〜120cm×10m ● 多様な色（白，黒，各色，金銀もある）

ロール画用紙

活動の展開
- **描く**…長さを生かして，みんなで絵を描いたり，絵の具をつけたローラーで遊ぶ。
  - …貼ったり，書いたりして，時代や過程を示す年表などをつくる。
  - …テープで裏張り補強して，屋内用の垂れ幕・横幕にする。

もとは英国ケント地方産の紙　　　　　張りがある ● 多様な色や大きさがある

ケント紙

活動の展開
- **描く**…紙質を生かして，製図の用紙にする。
  - …張りのある紙質を生かして，名刺やカレンダーにする。
- **切る・貼る・組み立てる**…張りのある紙質を生かして，小ぶりな紙工作をする。
  - **題材** とびたい飛行機（高学年／羽根の部分に活用）▶ p.56

厚紙

絵画では，携行できる写生画用紙として使います。吸水性がよく，荒いタッチにも向きます。白ボール紙は厚みを生かして，丸めたり，立たせたりして，空間表現へと広がります。さらに多様な加工厚紙は，その特質を生かした絵画や立体表現の可能性を広げます。

薄紙を何枚も貼り合わせた厚紙

白ボール紙・板目紙

白ボール紙 … 八つ切〜全紙までの大きさ ● 表面が白，裏面が灰色 ● 厚みがあり丈夫
板目紙 … 0.5mm厚程度 ● 色も数色ある

活動の展開 白ボール紙　切る・貼る・組み立てる … 子どもの絵画作品を貼って展示用の台にする。
　　　　　　　　　　　　　　　… 紙工作をする。
　　　　　　　　　　　　　　　… 全紙のものを丸めて立体表現に展開する。
　　　　　　　　　　　　　　　題材 ホワイト・アート・ボール（高学年）▶ p.42

　　　　　　板目紙　切る・貼る・組み立てる … 厚さを生かした紙工作をする。

黄色地の厚紙

黄ボール紙

吸水性に富む ● 裂け目が面白い

活動の展開 描く … 厚みを生かして，屋外写生用紙に使う。
　　　　　　　　題材 校庭の樹を描く（高学年）
　　　　　　… 吸水性を生かして，絵の具の重色を生かして水彩絵画を描く。
　　　　　　　　題材 ジャングルの生命（高学年）
　　　　　　切る・貼る・組み立てる … 切ったり，折ったり，貼ったりして紙工作をする。
　　　　　　　　　　　　　　　　 … 水を含ませて，形をつくって乾燥させ，紙のオブジェをつくる。

片面に方眼が印刷された厚紙

工作用紙

表面が白，裏面が灰色のものが一般的 ● カラーの工作用紙もある

活動の展開 描く … カラーペンでマス目に沿って絵を描く。
　　　　　　　　題材 コンピュータ絵画（高学年）
　　　　　　製図する … 方眼を生かして，精緻な組み立て工作の展開図を製図する。
　　　　　　　　題材 ゴム動力・スーパーカー（中学年）
　　　　　　　　… 方眼に模様を描き入れ，刺繍の図案をつくる。

表面に様々な加工が施されている厚紙

加工厚紙（ミラーなど）

ミラー紙の他に色つや紙，両面色違い用紙などがある ● いろいろな大きさがある

活動の展開 描く … つや紙にアクリル絵の具で線画する。
　　　　　　切る・貼る・組み立てる … プリント加工された厚紙を紙工作に生かす。
　　　　　　　　　　　　　　　　 … ミラー加工された厚紙で，反射光を取り入れたレリーフをつくる。

ダンボール

ダンボール箱から板状ダンボールまで，多様な形状があるため，造形遊びから工作，描画まで，幅広い表現活動がここから展開されます。ダンボールカッターで切ったり，テープなどで接合したりすることで，大きな造形も可能となります。

平面のダンボール
板状ダンボール

板目に沿えば，真っ直ぐ折れる ● 片面白紙のホワイトダンボールもある ● 購入材としても入手できる（3mm厚×90×180cm）
ダンボールへのアプローチマップ ▶ p.39

活動の展開

体全体でかかわる … 切ったり，折り曲げたり，接合したりして遊ぶ。

組み合わせる … 大きなものをつくる。
　題材 屋内ダンボールハウス（中学年）

描く … ホワイトダンボールの白面・大きさを生かして，みんなで絵の具遊びをしながら描く。
　題材 1年生のペンキ屋さん（低学年）

巻状になっている片面ダンボール
巻ダンボール

10〜50m巻 ● 長い ● 薄茶色 ● 片面が波状になっている ● 長く伸ばすと，曲面がきれい ● カラータイプもある（3m，12色）

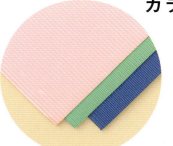

活動の展開

覆う・仕切る … 長く伸ばして，ものを覆ったり，空間を仕切ったりして遊ぶ。

つなぐ … 波面を生かして部分接合し，大きい形をつくる。

貼る … カラータイプの色と波面を生かして，作品展示の台面や背景壁面に活用する。

片面が波になっているダンボールのシート
カラー片面ダンボール

扱いやすい大きさにカットされている ● 様々な色がある（12色，金銀など）

活動の展開

切る・貼る … 切り貼りして，波面を生かした紙工作をする。

組み立てる … 色や波状面を生かして（逆につぶすことも），コラージュやレリーフのパーツ材として活用する。

刷る … 波面を紙版画の版部分に取り入れる。

箱状のダンボール
ダンボール箱

無料でたくさん集められる ● 組めば，すぐに箱の形ができる ● 直方体として多様な形と大きさがある ● 購入材として同じ形状のものを多量に入手できる

活動の展開

体全体でかかわる … 箱にして，並べたり，積んだり，組んだりして遊ぶ。

切る・貼る・組む … 箱の形を生かして切ったり，接合したりしてつくる。
　題材 ダンダンダンボール（中学年）

… 箱の形を生かして切ったり，接合したりして，身につけるものをつくる。
　題材 へんてこメット（中学年）▶ p.43
　題材 ウォーキング・アート・プラン（高学年）▶ p.38

石油合成紙

合成樹脂を主原料にした用紙です。フイルム状からダンボール状まであり，共通して耐水性に優れ，軽いので，屋外の展示物，掲示物などに活用されます。

フィルム状の合成紙
ユポ紙

腰が強く，耐水性が高い ● 吸水性がない ● 裂け目が面白い

 描く…クレヨンや油性ペンで屋外に展示するものを描いたり，デザインしたりする。
　　題材 運動会・ぼくの旗（全学年）
　　…アクリル絵の具で描いて，拭き取ったり，スクラッチしたりする。
　　題材 ヨーロッパの街並み（高学年）
　裂く・立ち上げる…切り目を入れて引き裂いた紙を生かして，立体物を構成する。
　　題材 ピカソ・マスク（高学年）

しなやかで布のような合成紙
ベックス紙（ソフト＆ハード）

軽くて丈夫 ● 白色 ● 柔らかくやさしい感触の「ソフト」タイプ，少し硬めで腰のある「ハード」タイプがある

 体全体でかかわる…みんなで風を起こしたり，包まれたりして遊ぶ。
　　　　　　　　…切ったりつなげたりして，かぶったり身につけたりする。
　描く…アクリル絵の具で描き，屋外展示する。
　包む…ビニル材を包み，膨らみのある屋外オブジェをつくる。

ポリプロピレンでできたダンボール
プラスチックダンボール

半透過 ● 波面の光の屈折が面白い ● 白の他に，色がついたものもある ● 耐水性がある

 切る・貼る・組む…切ったり，はめ込んだり，接合したりして立体作品をつくる。
　透かす…植物や色セロハン紙を貼り，窓辺に展示する（電灯も活用できる）。
　　題材 葉っぱのステンドグラス（中学年）
　面を生かす…平面作品などの展示ボードとして活用する。

カラービニル地に，接着面がついたシール
シール紙

ガラス面，プラ面に貼ることができるが，容易にはがせるものと，そうでないものとがある⇒事前に使用場所の確認が必要 ● 不透明，透明のものがある

 切る・貼る…好きな形に切り，窓ガラスや透明ビニルシート，プラスチックダンボールなどに貼る。
　　題材 窓ガラスに，ありがとう校舎（全学年／校舎改築時イベント）
　透かす…ペットボトルに貼って，太陽光にかざしたり，LEDライトの上に置いたりする。

紙加工品

ティッシュペーパーから，食料品，お菓子などの空き箱。身近にある素材を手にして，「これで何つくろうかな」の思いが湧く形がたくさんあります。「何かに使えるかも」と取っておく，それがすでにアプローチです。紙質もクラフト紙〜中厚紙まで多種にわたります。

紙 / 紙加工品

紙でできた筒状の袋
封筒

袋状の形 ● 多様な色や大きさ ● 校内郵便物封筒の再利用もできる ● 購入材として同型のものを多量に入手できる

活動の展開

入れる … 何かを入れて（あるもの・つくったもの），はみ出させたりする。
　題材　メール・アート（高学年〜中学生）

立ち上げる … 筒状にして逆さに立て（裏を厚紙バンドで補強），つまんだり，留めたり，他の紙素材をつけ足したりして形づくりをする。
　題材　紙封筒彫刻（中・高学年）

底面のある持ち手つきの紙の袋
紙袋

ビニルコーティングされたものもある ● 多様な形や大きさがある ● 様々な色や模様，ロゴ，デザインのものがある

活動の展開

かぶる … 大きめの袋を頭からかぶり，目鼻を切り取り，マスクをつくる。
　題材　鬼のかぶりマスク（幼稚園〜低学年／節分時期）
　※目鼻部分を切るときは脱いでから。呼吸などの安全に留意すること

切る・貼る … 持ち手を生かした紙工作。
　題材　買い物袋こいのぼり（低学年）

紙でできた皿
紙皿

基本は円形 ● サイズや深さの種類が多様 ● 多様な色があり，模様のついたものもある

活動の展開

組み合わせる … 同じサイズの皿を接合して，UFOやコマをつくる。

折る … 平皿を半分に折って，揺らして，色画用紙でつけ足しながら，動きを生かした工作をする。
　題材　ユラリンコ（低学年）

切る・貼る … 色紙で好きなものを切って，平皿に貼る。

紙でできたコップ
紙コップ

様々な紙質や形状のものがある ● 色や模様つきのものもある

活動の展開

組み合わせる … コップの形を生かして，他の素材と組み合わせた玩具をつくる。
　例：糸電話（＋糸），けん玉（＋割り箸）

パーツにする … コップの下部分を切り取り，紙工作のパーツに活用する。
　題材　うそっこカメラ（中学年／レンズ部分）▶p.41
　例：車のタイヤ

紙でできた円筒

紙筒

主にトイレットペーパー，ラップの芯などの収集材 ● 購入材として様々な太さ，長さのものを入手できる

活動の展開

のぞく・転がす・通す… 短い筒は，「のぞく，転がす，通す」を生かした遊びや工作。

つなぐ・組む… 長めの筒を，つなげたり，曲げたり，組んだりしてつくる。
- 題材 パイプ・ジャングルジム（中学年）

… 長い筒を柱にして，ベニヤの土台に接合して立たせ，屋根をのせてミニハウスづくり。
- 題材 ちびっこカーペンターズ（幼稚園～低学年）

牛乳やジュースなどが入った容器

紙パック

はさみなどで加工しやすい ● 内側が耐水加工されている ● 収集材でも同型のものを入手しやすい

活動の展開

形を生かす… パックの形を見立てたり，素材や手を加えたりして，工作する。
- 題材 パックの家（低学年／色紙を部分的に貼る）

水に浮かべる… パックを連結して形をつくり，プールに浮かべる。
… パックを縦半分に切り，浮かべる。

中厚～厚紙で組まれている箱

紙箱

多様な形や色，模様のプリントのものがある ● 菓子箱などはユニークな形がある ● 蓋つきの厚手の菓子箱もある

活動の展開

詰める… 箱に他の素材や，つくったものを詰めて構成する。
- 題材 ボックス＆ライト・アート（高学年～高校生） ▶ p.122

切る・組む・つける… 箱を切ったり，組んだり，つけ足したりしてつくる。
- 題材 うそっこカメラ（中学年） ▶ p.41

… 木材を立てた土台に箱を取りつけてつくる。
- 題材 ペーパーマン（低学年）

紙を細断してくしゃくしゃにしたもの

紙パッキング材

軽い ● フワフワ ● 多彩な色 ● オーロラ光沢紙を細断したものもある

活動の展開

詰める… ビニル袋に紙工作などを一緒に入れる。
- 題材 おみやげアート（中学年）

水に入れる… 水を入れたペットボトルにオーロラ光沢材と他の素材を詰めて，光を当てる。
- 題材 ペットボトル・ウォーターパラダイス（中・高学年）

| 高 学年 | 2 時間 | グループ 活動 (3人) | 空き教室，体育館ステージなど 場所 |

薄紙を使った造形活動

1 ニュースペーパー・スペース

グループになって新聞紙でスペースを覆ったり，新聞紙でつくったりしたオブジェを置く。

ねらい 特定された場や空間を，新聞紙を貼ったり，敷き詰めたりして，異空間に変える。

素材 新聞紙 ＋ 紙粘着テープ（各自1個ずつ）

提示 自分たちが活動しやすいような「新聞紙置き場・用具の位置・持ち方」を工夫させるようにする。

流れ

① 活動の概要をつかみ，グループごとに活動を進めていく。

② グループで，スペースチェンジの方針を決め，手順をプランニングする。

③ 役割分担をしながら，新聞紙を敷いたり，張ったり，新聞紙で包んだりしていく。歩いて探索鑑賞することを念頭に置き，要所要所をガムテープで留める。

④ アートツアーを企画・運営する。他学年の子どもに公開して，ガイドする。校内展などがあれば，それに合わせて実施してもOK。

実践・写真提供：瀬在恵里（墨田区立錦糸小学校）

ねらいを変えると

お包みもの大集合

その場自体を変えるのではなく，教室にある，ある程度の大きさがあるものを包みます。それを体育館など広い場所に集めて，考えながら配列していきます。構成をより意識した活動になります。

題材のよみとり

総合的に課題を把握する

学級全員でこのような活動をするときは，事前に話し合いをもってアプローチを考えさせ，分担を決めることが必要になります。大まかな場所の分担，オブジェの分担など，子どもにも課題を総合的に把握させることが大切です。

| 高学年 | 6時間 | 個人活動 | 図工室 場所 |

ダンボールを使った造形活動

2 ウォーキング・アート・プラン

ダンボールを使って，変身するためのものをつくる。

ねらい
- ダンボールの形を生かして，切ったり，組んだりして身につけるものをつくる。
- 変身したものになりきり，動きを工夫してウォーキングする。

素材 板状ダンボール，箱ダンボール ＋粘着テープ，クラフトテープ，アクリル絵の具

提示
- 様々な形状の箱ダンボールは畳んだまま置いておき，組み立ててから考えるようにする。
- ダンボールの端材や板材は別に整理して使えるようにしておく。

流れ

POINT
まず製作時間（6時間）をどう使うのか，「プランニング」を考えるようにする。

最初のプラン
① 何になるか決める。「身につけようかな」「どう歩こうかな」
② どうつくって，どう身につけるか考える。
③ どんなダンボールを使って，どう組むか，変身する形をイメージしながらダンボールを選ぶ。

製作のプラン
④ どこからつくるか考え，順番を意識しながらつくる。
⑤ ダンボールの活用の仕方を考え，つけ足しをしていく。
⑥ アクリル絵の具で着色する。

ウォーキングのプラン
⑦ 実際に身につけ，どうやって歩くかイメージしながら，つけ足しがないか確認する。

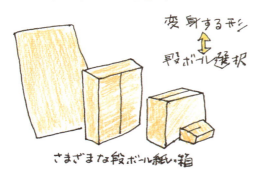

ねらいを変えると

変身するパーツを決める
全身変身から，部分変身または部分装着のものに限定すると取り組みやすく，中学年の子どもにも適した活動になります。
題材 大きいクツをつくって歩こう（中学年）
へんてこメット（中学年） ▶p.43

題材のつながり

造形を通して，多くの人と交流し，楽しい雰囲気をつくりだすような「つくり合い」の活動は，各学年で体験させたいものです。
題材 お店を出そう／衣装をつくってウォーキングしよう（低学年）
ダンダンダンボール／ワクワク・アートフル（中学年） ▶p.55
カーペンターズの公開イベント（高学年） ▶p.58

| 低学年 | 2時間 | 個人活動 | 体育館，特別活動教室 場所 |

薄紙を使った造形活動

3 薄葉紙とあそぼう

広い場所でたくさんの薄葉紙と遊ぶ。

ねらい 薄い，やさしい紙と関わりながら，自分のしたいことを見つける。

素材 全紙大の薄葉紙をたくさん

提示
- 全紙大の薄葉紙をたくさん用意し，事前に活動場所に置いておく。
- 様々なアプローチに対応できるように，広い場所で活動する。

流れ

① 体育館など広い場所に置いた大量の薄葉紙と出会う。

② 薄葉紙を触ったり，丸めたり，浮かせたりして，自分でしたい遊びを見つける。

ねらいを変えると

アプローチを限定する

教師がはじめに「テープで何枚かつないでみよう」と呼びかけ，「大きな紙の出現」から，何ができるか話し合って活動します。これは，教師が全紙大の薄葉紙のもつ特質（大きさ・しなやかさ）を生かしたアプローチを提示して，その後の活動を子どもに委ねるものです。ただし，これはアプローチを限定しているので，造形遊びではなく造形活動になります。

▶p.13「アプローチを委ねる活動／アプローチを提示する活動」

題材の広がり

おかたづけからの形づくり

散らばった薄葉紙をレジ袋に集め，膨らんだレジ袋を触りながら，自分の形を見つける活動にも展開できます。粘着テープで留めたり，油性ペンでかき加えたりして，抱き抱えられるサイズのぬいぐるみをつくります。

題材 レジーちゃんをつくろう（低学年）

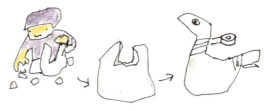

| 中 学年 | 2 時間 | 個人 活動 | 教室・図工室 場所 |

紙加工品を使った造形活動

4 うそっこカメラ

菓子箱などを組んだり，加工・接着したりして，「写らないけど，かっこいいマイカメラ」をつくる。

ねらい 空き箱を変形させたり，組み合わせたりしながら，自分のつくりたい形をつくる。

素材 菓子・食品の箱（中厚紙），トイレットペーパー芯，色画用紙　＋接着剤，紙粘着テープ

提示
・自分の持ってきた箱に，用意した箱を加え，複数の箱で考えるように提示する。
・「うそっこ」の軽妙さを手渡しする。

流れ

① 箱をいくつか選び（自分で持ってきたもの＋用意されていたものから），組み合わせながら自分のカメラの形を見つける。
② 箱を改造（切る，へこませる）しながら，紙テープや接着剤を使って組み立てる。
③ 色画用紙，紙筒などでカメラのアクセサリーや脚をつけ足す。
④ 「うそっこカメラ」を持って撮影会をする。

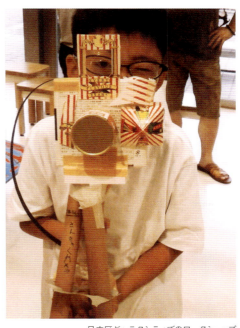

足立区ギャラクシティでのワークショップ

たくさんの箱から選ぶ

持ってきた面白い形の箱，用意された箱……たくさんの箱の中から自分のカメラの材料にする箱を選びます。箱の数の制限は無用です。これは「子どもの常識」に委ねましょう。

提示 を変えると

ペーパーマンをつくる

箱を組み合わせてつくる活動は，様々なテーマ設定が可能です。

題材 ペーパーマン（中学年）
土台となるベニヤ合板に立てた2本の半ヌキ材に，箱を差し込んだり，組み合わせたりしながら，ペーパーマンを誕生させます。

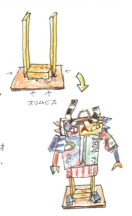

題材のよみとり

非実利性のもつ楽しさ

「写らないけど，かっこいいカメラ」は，子どもの創造力をひらきます。「役に立たない」は，造形の自由を広げるキーワードなのかもしれません。

題材 はずかしくて，かぶれそうもない帽子づくり（中学年）
へんてこメット（中学年）▶p.43
とびたい飛行機（高学年〜高校生）▶p.56

41

| 高学年 | 2時間 | グループ活動（3〜4人） | 場所：体育館，特別活動教室などの広い場所　＋踏み台やイス |

厚紙を使った造形活動

5 ホワイト・アート・ポール

白ボール紙を立たせて，グループで話し合いをしながらパーツをつけ足し，美しい形のポールをつくる。

- **ねらい**　白ボール紙をポールにすることを起点にして，グループで工夫しながらオリジナルポールにしていく。
- **素材**　全紙大の白ボール紙（グループ2枚）　＋はさみ，カッターナイフ，白クラフトテープ
- **提示**
  ・広い場所でまずポールを立たせてから，発想できるようにする。
  ・上部作業のために，安定した踏み台やイスを用意しておく。

流れ

① 全紙大の白ボールを2枚，丸めて円柱にして立たせる。
② グループで考えながら，ポールに美しさを感じながら，白ボール紙を切ってパーツをつけ足す。
③ 自分たちのポールを体育館に設置して，アートな空間をつくる。
④ 他学年の子どもをアート空間に招待する。ポールを巡りながら，ギャラリーガイドも行う。

素材 を変えると

ペインティングポールにする

丸めたポールに，絵の具の線や形を描き加えてみます。白いポール地に描き加える線と形に集中させるため，絵の具の色を黒などに限定することも考えられます。

題材　ペインティングポールをつくろう（高学年）

題材のよみとり

なぜポールにするか

共通のアプローチを設定する造形活動です。全紙大白ボールのよさである「厚み」や「大きさ」を最も生かせるアプローチは何かを考え，「丸めて立たせる」ことを提案しました。最初にアプローチを限定する活動では，教師が素材の特質を知り，最も効果的なアプローチを考えることが大切です。

▶p.13「アプローチを委ねる活動／アプローチを提示する活動」

| 中学年 | 4時間 | 個人活動 | 図工室 場所 | 完成後，校内をパレード |

ダンボールを使った造形活動

6 へんてこメット

ダンボール箱に切れ目を入れたり，つぶしたりしながら，頭にかぶるものをつくる。

ねらい ダンボール箱を変形させることによって生まれる形の面白さをとらえ，それを生かした造形をする。

素材 ダンボール箱（みかん箱程度）＋ダンボールカッター，布粘着テープ，アクリル絵の具

提示
- ダンボール箱は，粘着テープで組み立てた状態で子どもたちに提示する。
- 平面材からではなく，立体材としての厚紙から，自分のつくりたい形に変形させるのが大切。

流れ

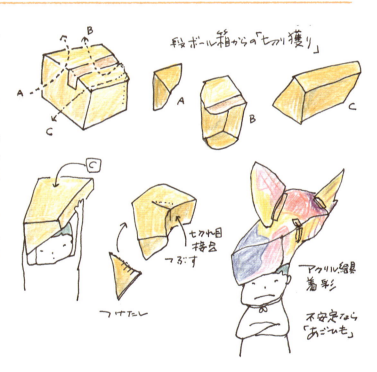

① 組み立てた「ダンボール箱」から，自分が使うものを一つ選ぶ。

② 立体材としての「ダンボール箱」へのアプローチについて，切る・折るだけでなく「切れ目を入れる」「つぶす」「接合する」など，様々あることを知る。

③ ダンボールカッター（またはカッターナイフ）で，立体の形状を生かしながら切れ目を入れて，メットの材料を見つける。頭にのせて，残ったダンボールをつけ足していく。

④ 荒い形態のメットを基本にして，さらにダンボールをつけ足し，ちょっと「変な目立つ形」のメットをつくる。必要であれば副材料（他の紙材，アルミ針金など）をつけ足し，アクリル絵の具で着色して仕上げる。

提示 を変えると

オブジェを組もう

同じような方法で，ダンボールの不定形なパーツをいくつかつくり，それを組み合わせて，いい感じのオブジェをつくります。接合する土台が必要なら，木材を活用することも考えさせます。

題材 ダンボールオブジェ（中・高学年）

題材のよみとり

痛めつけアプローチ

折本立身の作品《ガイコツ》は，ダンボールを徹底的に押し込んだり，つぶしたり，ダンボールの波目を無視して曲げたり……そのアプローチはまさに痛めつけと呼べます。でもここから紙の新たな姿態が現れるのです。土のように紙を扱うアプローチを，ここで応用しました。

column
身体性のとらえ方

白金子供の家

退職してから、3年ほど品川区の小さな幼稚園で幼児の造形活動に関わっていました。自宅を開放した民間の施設に、3歳児から5歳児の十数名ほどが通っていて、そこは幼稚園というより、知り合いのお家に遊びに行くような感じがしておりました。子どもがたくさんいる温かなお家には、やさしいおばあちゃんのような園長さんがいて、いつもやさしく子どもたちを見つめておりました。

ここを月に一、二度訪れては、お絵描き、木切れ遊び、ダンボール遊びなどをしていました。夏には、小さな園庭にシートを敷き詰め、滑り台つきの水遊びをするなど、それはまるで孫と遊ぶおじいさんのような時間でした。

ここと図工室との大きな違いは、長い時間造形に向かわせる大変さです。彼らは興味がなくなると、とたんに園庭に走り出し、遊び始めるのです。きちんと椅子に座って何にでも興味をもって活動に取り組んでくれる小学生から比べたら、それは実に気を許せぬ真剣勝負の場でもありました。手を変え品を変え、内心かなり緊張しながらも、こうしていたずら天使のような彼らと過ごしておりました。

大きな動き＝身体性？

ある日の造形教室は、「紙とあそぼう」。用意したのは多量の柔らかなお花紙です。このお花紙をプレイルームに置き、しばらく様子を見ることにしました。やがて子どもたちは誰と相談することなく、勝手にそれを持ち出し、ちぎったり、飛ばしたり、散らばせたり。部屋の床面は色とりどりのお花紙で埋め尽くされました。元気な男の子の「お山にしよう」という提案は何ら合議するまでもなく、暗黙の了解のように、みんな四つん這いのブルドーザーのようになって、紙を真ん中に寄せ集めます。この集団、あまり文明的に言語で意思疎通することなく、その場の雰囲気で行動が決められるような不思議な世界であります。それもきっと素材の豊かさなのでしょう。やがて部屋の真ん中に、小さな紙の山ができました。ここでも掛け声を待つまでもなく、誰かがその山に飛び込みました。なんと山から海への大転換です。子どもたちにとって、柔らかくしなやかなお花紙は、色とりどりの「海水」に変わっておりました。たくさんの「水」に寝転んだり、泳いだり、人に投げたり……こうして嬉々とした歓声とともに、しばらく時が流れていきました。

ここまでは想定通り、体いっぱい使って、紙や、（少しですが）お友だちと関わりながら活動するというねらいは、お花紙のしなやかな素材から導き出されたように思われました。「うん、素材と身体的に大きく関わるのだ」などと、さも昔の図工の先生のような「観点」を頭に思い浮かべながら。

愛ちゃんのムニュからわかること

たくさんのお花紙で泳ぎ疲れた子どもたちは、まるで砂浜で寝転がって休息をとるように、お花紙海岸に寝そべっています。そこに3歳児の愛ちゃんが、くしゃくしゃになって散らばったお花紙1枚を拾い、手の中で軽く丸めはじめました。やがて小さくなった紙を自分の耳に近づけ、さらに手の中でムニュ……。音が聴こえたのか、丸める感触がいいのか、愛ちゃんニンマリ……。この様子を見ていた、おじいさんも思わずニンマリ……。

こちらが「身体性」と考えていた大きな全身活動的な動きだけではなく、この「愛ちゃんのムニュ」も確かに身体性。手の中の小さなお花紙の感触や音を、小さな身体で受けとめて、楽しんでいる姿。

その愛くるしい愛ちゃんの微笑に、おじいさんはもうすっかりメロメロ、降参です。ただし、降参したのはそのかわいらしい仕草だけでなく、こちらの意図的な素材設定や、身体性の考え方を見事に覆されたこと。何よりその「ムニュ」を、愛ちゃん自身が見つけたことに、です。

木材

抵抗が高い木を「ひらく」には，それなりの力と，工具の活用が必要不可欠です。大切なのは，木材としての様態を選び，その様態をどう活動に生かすかということです。長い板材，短い板材，広い平板，太い角材，細い工作材，いろいろな形の詰まった端材……これらの木材の様態の違いが，造形活動の広がりになるのです。

購入材「いろいろな木切れ」を教室に散らしておくだけで，そこから低学年の子どもの「積み木遊び」が展開します。まず，自分のものを「集める」，そして「並べる」「積む」「倒す」へと展開します。中にはどこかに隠すだけのアプローチもありました。これらは，木材が「木切れ」というピースであることから生まれる「遊び」です。長いヌキ板材などになると，切る前に校舎や樹木に立てかけるだけで，空間に線材としての木材が立ち現れます。

工具を使って木材を加工することは，教師の提示です。取り組む子どもの発達や，活動内容によって，使う素材も教師が限定するケースがあります。素材によって，そのアプローチの仕方も違ってきます。素材の広がり，アプローチの多様性が木の特質であり，それが多くの可能性を内包した造形を誘います。

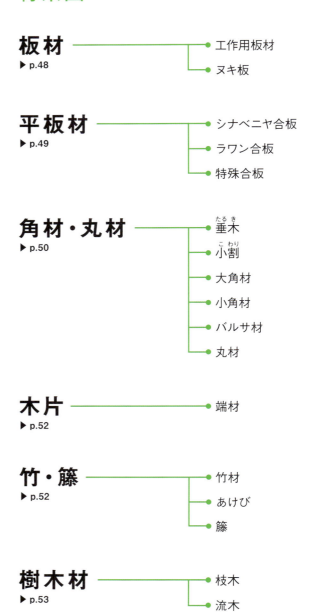

材系図

板材 ▶p.48
- 工作用板材
- ヌキ板

平板材 ▶p.49
- シナベニヤ合板
- ラワン合板
- 特殊合板

角材・丸材 ▶p.50
- 垂木（たるき）
- 小割（こわり）
- 大角材
- 小角材
- バルサ材
- 丸材

木片 ▶p.52
- 端材

竹・籐 ▶p.52
- 竹材
- あけび
- 籐

樹木材 ▶p.53
- 枝木
- 流木

板材

切って，合わせて，組んでつくり上げる「組み立て木工」には無垢の板材が適しています。形状を生かして，木目を読み，手順も考えます。この板は思考と身体を融合させる大切な学びの素材です。子どもたちのもっている技術とつくるものの用途を見合わせ，適切な板を選びましょう。

木材……板材

和材…広葉樹　桂／朴／桐／桜など　　洋材…ラワン／アガチスなど

工作用板材

1.2cm厚程度 ● 組立寸法や行う加工によって適したカット材を選ぶ ● 無垢板材のため，木目を読んだ加工が必要

活動の展開

切る・組み立てる…決められた形状の板材から，材料を木取りし，組み立てる。
　　　　　　　　　…いろいろな形に切る。
　　直線を切る…のこぎり　**曲線を切る**…糸のこぎり
　切った後の表面をきれいにする…かんな，ドレッサー，紙やすり
　　　　　　　　　…釘を打ってつなげたり，組んだりする。
　　　　　　　　　…彫刻刀で表面に好きな形を彫る（適材：桂）。
　　　　　　　　　…木工用接着剤で接合する。
塗装・装飾する…木工着色剤〈ポアステイン〉で，木目を生かした塗装をする。
　　　　　　　　　…バーニングペンで表面に模様を焼き込む。

柱と柱を横に貫いて連ねる，薄くて幅の狭い板材

ヌキ板

様々な厚みがある（0.9~1.5cm程度）● 幅は9cmが一般的 ● 木材店での長さは3.6~4m ● 多くは杉材 ● 軟らかいので加工が簡単

活動の展開

立てかける・組む…長さ（3m）を生かして，屋外に立てかけたり，組んだりして遊ぶ。
切る・組む…切ったり，組んだりする木の工作をする。
　　題材　はじめてのトンギコ（中学年）▶p.54
　　　　…長いヌキ板から，つくりたい形の材料を切り取って組み立て，グループで大きい形をつくる。
　　題材　ワクワク・アートフル（中学年）▶p.55

木のお値段　2016/10 現在

	形状の目安		値段	備考
工作用板材	1.2cm×16cm×90cm	アガチス	1,300 円	題材 一枚の板から 使用材
ヌキ板	1.3cm×9cm×3m65cm	杉	400 円	
垂木	3cm×4cm×3m65cm	杉	450 円	
角材	6cm×6cm×3m	杉	1,500 円	
木切れセット	8kg　端材・形状多種		6,200 円	ダンボール箱入り

平板材

板材・角材と違い，平板材は面材です。それぞれの合板材質や厚み，表面処理によって用途が分かれています。合板のため割れもないので加工しやすく，万能のこぎりでの直線切りから糸のこぎりやジクソーでの曲線切りまで，広い範囲の木工をカバーします。

合板の表層両面に，シナ木のスライスしたものを貼りつけた板

シナベニヤ合板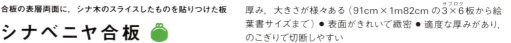

厚み，大きさが様々ある（91cm×1m82cm の3×6板（サブロク）から絵葉書サイズまで）● 表面がきれいで緻密 ● 適度な厚みがあり，のこぎりで切断しやすい

活動の展開

切る… 糸のこぎりで曲線切りした後，切り込みをつくって「組んだ形」をつくる。

パーツにする… 0.5cm程度の合板を使い，木の工作のパーツ材として活用する。
例：箱の引き出しつくり，箱の内側の仕切り材　など

彫る… 木版画の版木として使う。版木サイズは表現内容によって決定。

ラワン材を重ねた平板

ラワン合板

いろいろな厚みのものがある（0.3cm程度の薄板から1.2〜3cmを超える厚材もある）● 一般的な大きさは3×6板 ● 屋外作品にはペンキなどの塗装が必要（耐水加工されたものもある）

活動の展開

切る・組み立てる… 切ったり，組んだりする木の工作をする。組み立てはコーススレッドを使う。
… 直線切断，曲線切断ができる。
題材 わたしのイス（高学年）▶ p.57

… 薄ベニヤ板をジグソーで切断し，角材を裏打ちして，舞台用大道具をつくる。
例：岩，草，樹木，扉　など

曲げる… 角材を組んで骨組みをつくり，その上にベニヤ板を曲げて接合するなど，薄ベニヤ板の曲面を生かした木の工作をする。

表面加工した平板

特殊合板

表面加工合板として耐水コーティング加工されたものがある ● 木目模様などのプリント材（壁板，天井板）もある ● コンクリートパネルは略してコンパネと呼ばれる

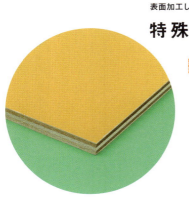

活動の展開

耐水ベニヤ　**屋外で使う**… 屋外で活動する造形全般に使う。
題材 カーペンターズ（高学年）▶ p.58

コンクリートパネル　棚板・保護板にする… 水回りの棚板，作業机の保護板として使う

角材・丸材

建築では柱として使われる角材です。建物は垂直材と水平材の交差で支えられることで，強度を増します。造形の角材も，構成の強度を保つ構造材として使われます。太いものも，細いものも，骨組みとして活用されます。

木材………角材・丸材

屋根の裏板や木舞を支えるための，棟から軒にわたす材

垂木（たるき）

一般的な形状は3cm×4cm×3m65cm（これ以上のサイズのものもある）●適度な太さ ●適度な強度 ●木工では構造材として活用

活動の展開

切る・組む…枠状に組んで，薄ベニヤ合板を張る。
　題材 カーペンターズ（高学年）▶p.58

…切ったり，組んだりして形をつくる。
　題材 12本の木（高学年）

…強度を生かして，木工作の構造材として活用する。
　題材 わたしのイス（高学年）▶p.57

材木を小さく挽き割った材

小割（こわり）

一般的な形状は2cm×3cm×4m ●細めの角材なので，切断しやすい ●端材も有効に使える

活動の展開

支柱にする…ベニヤ合板（土台）に立てて，各種素材（彫塑粘土／紙粘土／紙工作など）の支柱にする。
　題材 ペーパーマン（中学年／支柱部分）
　題材 サーカス小屋（中学年／支柱部分）

太めの角材

大角材

太く，頑丈で，建設の柱にもなる ●しっかり固定して，のこぎりで切ることができる ●釘を打ち込みやすい
＊選挙パネルを支える角材は6cm角／選挙が終わるとリサイクル材になる地域もある

活動の展開

切る・組む…長い角材を，建築の構造材として活用する。
　題材 カーペンターズ（高学年）▶p.58

釘打ちをする…15cm程度に切って，釘打ち遊びの土台に活用する。
　題材 くぎ人間（中学年）

…収集材　…購入材

細めの角材

小角材（瓦ざん・ひのき細角材）

瓦ざん…屋根の瓦を固定するために使われる材 ● 切りやすい
ひのき角材の工作材各種…様々な大きさがある（0.1~1cm角まであり，長さは90cm）● 細かい目ののこぎりで切る

▶ 活動の展開　瓦ざん　**切る・つける**…どんどん切って，方向を考えながら土台に接合していき，抽象的な線の形をつくる。
　題材 グッド・センス（高学年）▶p.56

ひのき細角材　**組む**…立体凧，模型飛行機の骨組みに活用する。
　題材 とびたい飛行機（高学年～高校生）▶p.56

軽く軟らかい木材

バルサ材

バルサは筏の意 ● 救命具，浮標，航空機材料に用いられる ● 切りやすい ● 削りやすい ● いろいろな厚さ，形状がある（角材[4~6cm角]／板材[0.5~1cm厚]／丸棒・角棒）

▶ 活動の展開　**削る**…削ったり，やすりがけをしたりして，いろいろな形をつくる（カービング加工）。
　題材 バードカービング（高学年～中学生）

切る・つける…切断，接合して構成する。
　題材 くねくねの木組み（高学年～中学生）
　題材 バルサオブジェ（高学年～中学生）

丸い棒材

丸材

丸太…間伐材の太い円柱材（直径6~8cm）
工作材の丸材…工作材の細めの丸材 ● ヒバ材，ラミン材などがある ● 様々な太さがある（直径1~4.5cm）

▶ 活動の展開　丸太　**切る・組む**…かつて，番線で固定して，現場の足場や盆踊りの櫓を建てていた。
　　…切って，組み変え，つなげて，形をつくる。
　題材 丸太の変身（高学年）

工作材の丸材　**切る・組む**…丸棒を切って工作に活用する。
　例：動く車の車軸

木片・竹・籐

端材は，使い勝手がよいため図工では出番がよくあります。加工した平竹，割竹などは，あけび・藤などともに曲線材として空間造形を構築するものとして活用されます。自然な風合いを兼ね備えた，魅力的な素材です。

木材……… 木片・竹・籐

小木片
端材

収集材…図工で材木加工して，残ったものを集めたもの ● 近隣の木材加工所などから出る廃材
購入材…多様な端材が箱入りで販売されている

活動の展開

積む・並べる…木切れを積んだり，並べたりする。
　題材　木切れであそぼう（幼稚園〜低学年）

…黒画用紙の上に木切れを並べたり，積んだりしてみる。
　題材　木切れオブジェ（高学年〜高校生）
　題材　ウッディー・マスク（高学年）

…貫板をベースに，木切れを積んだり並べたり，接着剤で接合する。
　題材　木切れでつくろう（低・中学年）

パーツにする…木工作や立体表現のパーツ材として活用する。

竹を切り，加工したもの
竹材

多様な太さ，色，材質がある（太竹…孟宗竹［直径8〜25cm余］／中・細竹…篠竹，白竹，矢竹／竹加工材…割竹，平竹，竹ひご）● 空洞で，軽く，しなやかで曲げに強い ● 縦方向に容易に割れる（加工材）

活動の展開

装飾材にする…太さ，長さ，しなやかさ，表面の清楚なイメージを和的な装飾に活用したり，空間構成をしたりする。
　例：正月の門松，現代美術のインスタレーション

組む…割り竹を活用して，凧の骨組みに使う。
　　…竹と，動く工作を組み合わせてオブジェをつくる。

編む…平竹を編んで，「ざる」をつくる。

パーツにする…竹ひごを様々な工作に活用する。

つる状になった自然材
あけび・籐

あけび…太さ0.2cm程度の野趣に富むつる材
籐…太さ0.2〜0.3cm程度 ● ヤシ科のつる ● 軽く，弾力性がある ● 水に浸して，柔らかくして加工する

活動の展開

編む…編み込んで実用品をつくる。
　例：かご，ざる，照明器具，手提げバッグ　など

丸める…大きく丸め込んで形をつくり，吊り下げて鑑賞する。
　題材　浮遊するかたち（高学年〜中学生）

パーツにする…切ったり，曲げたりして，立体表現のパーツ材として活用する。

樹木材

天然木の幹や枝を造形活動に活用します。樹皮の色柄や枝ぶり，曲がりなどの自然の風合いも生かします。収集材の木は主に枝材です。拾ったり，学校，公園などの伐採材をいただくこともあります。小ぶりで比較的大きさの揃った幹材は，購入材として入手できます。

樹木からのいただき材

収集材の枝木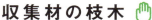

小枝…手で折れるくらい小ぶりのもの ● 細くても，自然樹木の表皮が残る
太枝…伐採した太めのもの ● のこぎりで切る

活動の展開

編む…木枝を麻ひもなどでつなぎながら編んでいく。
　【題材】枝のカーテン（高学年）
　参考：作家・ゴールズワージー

組む・貼る…枝をひもで組んで，和紙を貼ったり，他の素材を入れ込んだりする。
　【題材】枝のレリーフ（中・高学年）

パーツにする…木工作や，立体コラージュのパーツ材として活用する。

各地で伐採された木枝を箱詰めしたもの

購入材の枝木

いろいろな種類がある（リンゴや梨の枝木など）● 樹木の表皮が残る自然の風合い ● 硬い木もある

活動の展開

装飾材にする…天然樹木の風合いを生かしてジオラマ作品などに活用する。
　【題材】おじいさんの畑（低学年／粘土でつくった小さな畑に挿す）

パーツにする…割ったり，切ったりして，パーツを木工作品に生かす。
　＊天然木にはかなり硬く，切断や釘打ちなどが難しいものもあるので，必ず事前に材質点検をする
　　切断や釘打ちなどが無理なものもあるため，安全性に十分留意する

風化したり，波で洗われたりした木

流木

地域によっては海辺や河原で収集できる ● 風合いや形に味がある ● 購入材としての流木もある

活動の展開

形を生かす…そのままの形を生かして鑑賞する。金属棒またはラミン棒などを刺して，土台に立てる。
　【題材】流木オブジェ（高学年〜中学生）

装飾材にする…木工作や立体表現の装飾材として活用する。

| 中学年 | 4-6 時間 | 個人活動 | 図工室（ヌキ板切断ができる作業台のある場所） |

板材を使った造形活動

1 ヌキ板木工・アラカルト

ヌキ板材の切断を覚え，ヌキ板パーツを並べたり，組んだりして「木工」のとらえを広げる。

ねらい
A ヌキ板を重ねたり，組んだりして，仲よし家族になるよう構成していく。
B ヌキ板を切りながら「つくりたいもの」を見つける。

素材
ヌキ板（40cmに切断したもの）… A／2枚，B／3枚
＋直角定規，C型クランプ，万能のこぎり，木工用接着剤

提示
・ヌキ板は，工作するとき扱いやすく，組み立ても簡単。
・いくつかのパーツから発想できるように，組み立てるヌキ板の量を限定する。

流れ

A「幸せ家族計画」

① ヌキ板40cm×2枚を半分に切る。
② 半分にしたヌキ板を，直線や斜めなど自由に細かく切っていく（これが家族の形になる）。
  ※斜め切りの固定の仕方をしっかりと伝える
③ 家族をつくる。板同士をはさんだり，組み合わせたりしながら，家族構成を考える。
④ 木工用接着剤で接着する。
⑤ アクリル絵の具で表情を描き入れる。

B「はじめてのトンギコ」

① 40cmのヌキ板を半分に切る。さらに一つを半分に切って10cm×2枚に，もう一つは斜めに切って2枚にする。この4枚の板を起点に，組み合わせてつくりたいものを考える。
  ※ヌキ板の幅を生かすように伝える
② つくりたいものに合わせて，残りの40cm×2枚のヌキ板を切り，つくる。
③ 木工用接着剤で接着し，木の素地を生かすように，部分的にアクリル絵の具で着色する。

 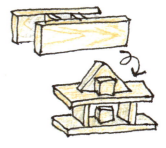

ねらいを変えると

重ねた形からの発見
高学年の子どもには，Aでの木を重ねるアプローチのみを提示し，どんな形を見つけて何をつくるかを子どもに委ねます。立たないときは，土台をつけたり，吊り下げたりといった「展示支援」をします。

題材のよみとり

木工入門はアプローチを提示する
Bはのこぎり切断体験を兼ねての木工入門題材ですので，何をつくろうかの前に切り出すサイズを指定し，パーツを切る活動からはじめます。そのパーツを組みながら，つくりたいものを探す経験が，やがて卒業制作の「一枚の板から」につながります。

学年	時間	活動	場所
中学年	4-6	個人・グループ（4人）	図工室〜校庭（枠の大きさに合わせた場所）

板材を使った造形活動

2 ワクワクアート・アラカルト

角材を組んだ枠の形を生かした作品や，意図的な枠組みから野外展示のオブジェやゲームをつくる。

ねらい
- **AB** 木材の「枠組み」の技法を知り，線材を組んで生まれる形をつくる。
- **C** 「枠組み」から広がる可能性を生かして，つくりたいものをつくる。

素材
- **A** 枠組みにする木材（ヌキ板を縦に半分にした半ヌキ板・垂木など） ＋釘，塗料，毛糸
- **B** 枠組みにする木材（ヌキ板を縦に半分にした半ヌキ板・垂木など） ＋釘，塗料
- **C** 枠組みにする木材（ヌキ板を縦に半分にした半ヌキ板・垂木など） ＋釘，塗料，スズランテープ　など

提示 枠組みになりそうな木材（新材・古材もあり）を自分で考え，選べるような「木材コーナー」を設置する。

流れ

A 中学年 個人活動

・かわらざん
・くぎ

B 中・高学年 個人活動
「ワクワク・マスク」

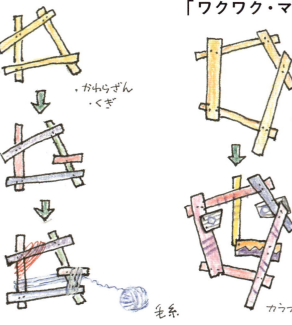
・半ヌキ
・クギ
毛糸
カラフル

C 中・高学年グループ活動
「ワクワク・アートフル」

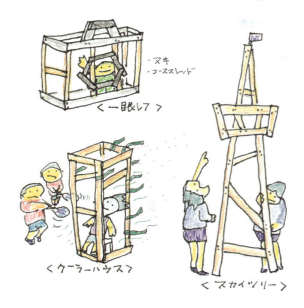
・ヌキ
・コーススレッド
〈一眠レフ〉
〈クーラーハウス〉
〈スカイツリー〉

素材 を変えると

紙バンドを使う

線材を組むと面ができ，面に線を立てると立体へ。この活動で大切な要素は，紙バンドをホチキスで留めながら簡単に組み立てる活動でも代替できます。

題材 紙バンドのハウス（低学年）

題材の広がり

枠組み工法のサイズ

枠組みをつくる活動は，提示する木材の長さが大切です。短ければ机上で行う個人活動，長ければ屋外での大きな造形物をつくるグループ活動へと，様々な形に広がります。

| 高学年～高校生 | 2時間 | 個人活動 | 図工室場所 |

3 工作材・アラカルト
角材を使った造形活動

小角材を切ったり，組み合わせたりしながら，形をつくっていく。

ねらい
- A 小角材を組み合わせて，構成の美しさをつくりだす。
- B 小角材を組み合わせて，白厚紙を加えて「浮遊する形」をつくりだす。

素材
- A 小角材（0.5cm厚×0.9cm×20cm を1人3本）＋ホットメルト，細密のこぎり
- B Aの素材，ケント紙，ワイヤー ＋ホットメルト，細密のこぎり，はさみ

提示
- 操作しやすく触りながら発想できるように，手に納まる長さに切断した角材を提示する。
- 接着には，立たせたり，つけ足したりがすぐにでき，造形の見取りや見通しをもちやすいホットメルトを使う。

流れ

A 「グッド・センス」
① 細密のこぎりで，角材を切る。直角切り，斜め切りなど。
② 切った角材との組み合わせを考え，さらに角材を切り，ホットメルトで接着する。
③ 「線の組み合わせの美しさ」を感じ取りながら，角材を組んでいく。
④ 組んだ「センス」をライティングしたり，日光を利用したりして，シルエットとともに鑑賞する。

明蓬館高校生徒作品

B 「とびたい飛行機」
POINT
「とべない」のではなく，「とびたい」という願望を抱いた飛行物体をつくろう，と伝える。

① 角材で骨組みし，ケント紙で羽根をつけ加えていく。
② でき上がったら木の土台にワイヤーを差し込み，飛行物体を浮遊させる。

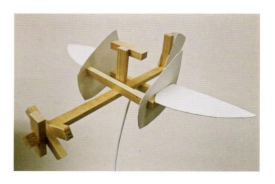

素材を変えると

素材の大きさを変える
Aの素材を太めの角材に変えると，グループ活動になります。40cm角の合板に40cmの小割を立たせて土台にし，切った角材をスリムビスで留めて「いい線ス！（グッド・センス）」を組み，最後は絵の具で着色します。

題材のよみとり

抽象的な構成体験
多様な素材を使ってものを意図的に配置し，抽象的な美しさの構成をすることは，低学年から大切にしたい活動です。高学年まで，系統をもって実施したいものです。

題材 わたしのいい凸凹（低学年）▶p.75
　　 わたしのイス（高学年）▶p.57

| 高 学年 | 8 時間 | 個人 活動 | 教室，図工室 場所 |

板材・角材を使った造形活動

4 わたしのイス

木材の特長を生かしながら，自分のイスをつくり上げる。

ねらい 色や形・線の構成から，イスの形を考え出し，つくり上げる。

素材 垂木，合板（1.2cm厚）の再利用材，新材 ＋竹串，雑巾など

提示 材木置き場に整理されている再利用材の角材や平板などから自分のイスの形に合う材，または生かしたい材を選び，持ってこられるようにする。

流れ

① 素材探索 — 様々な木から，自分のイスの材料を選び，つくりたい形を見つける。

② 木材を加工し，自分で考えた手順でイスをつくる。
面や線の木材の組み合わせから，新しいデザインのイスの形を考えだす。
※太陽の顔，葉の形などの具象的な形態にならないようにする

③ 塗装のタイミングを考えて，イスに色を塗る。

木材の形状から構成した「わたしのイス」（5年生）

12mm厚の合板を三角に切って構成したイス

10cm角材を1本立てて，垂木で固定したイス

厚板材の幅で立て，二人で座るイス

面や線の組み合わせに意識を向ける

「好きにイスをつくりなさい」と伝えたら，子どもたちがつくるイスは「具象イス」です。座部をピアノにしたり，野球のベースにしたり。脚が1本でも，背もたれがなくても，ここは木材の線や面の組み合わせから抽象の「いい形」を意識させ，新しいイスを誘います。

素材 を変えると

素材，サイズの可能性

ミニチュア化することもできます。ワイヤー，紙，粘土……使う素材の特質に沿いつつ，その素材のよさを生かしたイスが生まれます。素材を変え，サイズが小さくなっても，そこはやはり小人ではなく，イメージとして自分が「座れる」イスであることが大切です。それが，「わたしのイス」です。

題材のよみとり

「座れないイスをつくりましょう」とは提案しません。子どもたちには「座れなくてもいいよ」とは言うものの，多くの子はやっぱり座りたいのです。ただ，背もたれがカエルの顔になっているのは「赤ちゃんイスだよ」と伝え，「色と線，形の組み合わせを考えて，新しいイスづくりのデザイナーになりなさい」と呼びかけます。

| 高 学年 | 16-20 時間 | グループ（8人）活動 | 校庭 場所 |

角材・板材を使った造形活動

5 カーペンターズ

木材のハウスを設計・建設し，完成後は学校全体に数週間公開する。公開後は自分たちで解体する。

ねらい グループになり，校庭に自分たちの考えた木材のハウスを建設する。

素材 古材：毎年繰り返し使う角材・平板
新規材：材木やその他の材の名称を覚えるための新しい角材・平板
＋木工用具，ヘルメット，軍手，釘袋　など

提示
- 昨年使用・解体した古材を公開しておき，使いたいものを「材料希望書」に書いて提出させる。
- 製作途中で新規材を希望する場合は，「材木新規希望書」（予想金額も記入）を提出させる。

流れ

1 建設準備

① グループ編成：クラス3班・8人程度のグループを編成するために，先にリーダーを募る。

② リーダー会議：リーダーが3人集まったら，合議の上で3つのグループ編成を決める。

③ 班会議：班名（建設会社名）を決め，校庭の建設予定地から，希望の場所を選ぶ。

④ リーダー会議：建設場所を入札制で決定する（重なった場合はじゃんけん）。

⑤ 班会議：建設地に合ったハウスの設計をダンボールに描き，一次材料希望書を提出。

2 建設

⑥ 着工式：校長先生にお話をいただき，着工。指導には図工専科・用務主事・担任が当たる。

⑦ 着工：初日は午前中いっぱい，2日目は連日取りかかる。
※棟上げまでは時間を集中して取る

⑧ 棟上げ⇒屋根工事⇒外装工事⇒内装工事⇒付帯工事（装飾・看板づくりなど）

3 公開・解体

⑨ 公開：全校に公開する。イベントを企画・運営する。

⑩ メンテナンス：公開して数週間は，安全のため交代で休み時間に保安に当たる。

⑪ 生活：ハウス体験として，1回のみハウスで給食を取る。

⑫ 解体：材木を種類別に収納。来年も使用する古材として保管する。

素材を変えると

紙材を使う
木材の加工が難しい低学年では，紙筒材を柱にし，薄葉紙を屋根にして，ハウスづくりを体験することができます。
題材「ちびっこカーペンターズ」（低学年）

題材のつながり

グループ活動
6年間の中で，子どもたち同士が一緒になって活動に取り組む「グループ活動」を，各学年ごと・素材ごと・活動内容ごとに構造化し，配置することが大切です。カーペンターズは，グループ活動の集大成として位置づけていました。▶p.18「つくり合いの造形」

column
一枚の板から材

小学校6年生の最後に

卒業前の3学期になると，6年生は小学校最後の図工となる「一枚の板から」に取り組みます。素材は，組み立てや彫刻をする可能性を考えて，1.2cm厚×16cm×90cmの無垢材を使います。かつては桂材を使っていましたが，和材の高騰に押され，近頃は洋材のアガチス板です。

必要なら使ってよい素材として，シナベニヤ（5mm厚），図工室にある端材を副材料として提示します。加えて，蝶番や留め金などは，雑材料として請求することができます。

ただし，あくまでこの活動の主材料は「一枚の板」です。最初に，一人ひとりが手にした板材を掲げて，それを全員で見合います。みんな同じ形状の板から，これから何がつくりだされるか，それは自由切符の確認でもあります。自分の制作だけでなく，卒業学年60名程の子どもたちがこれから図工室でどんな作品を創り出すのか，互いの制作にも関心をもたせながら，一緒に作業していくつながりも大切にして，制作がはじまります。

どうつくるかの個性

「一枚の板から」は，素材限定，組み立て工法という条件を除いては，自由木工です。何を，どうつくっていくかを子どもたちに委ねるわけです。

この課題に，30年も寄り添ってきました。最初の頃は，今までと違う高価な材を前に，子どもも教師も緊張しました。「失敗しても，お替わりなしです」との通達をして，アイデアスケッチから，完成予定図，部品表，そして木取り図といくつもの関門を設け，その関門ごとにチェックを入れるという徹底ぶりでした。

ところが，このような「図面化」や「計算」が不得手な子どももいるのです。つくりたいものは決まっていながら，それを図面の上で表すことが苦手な子です。さらに，子どもたちの工作活動の流れを見ていましても，最初からすべてのパーツが決まり，それを最後まで実現するのはとても難しいのだとわかります。子どもの造形の《創造回路》は，徐々にコードを延ばしたり，途中から配線が結ばれたりしていくことが多々あります。その過程で，その子らしさを盛り込んでいく様子を見てきました。つくりながら考え，そしてまたつくるという，直線的ではない，ジグザグな創作形態です。

もちろん，最初に描いた完成図を，そのまま実現させることも制作に対する大事な姿勢です。そのようなものも含めて，「どうつくっていくか」「その方法をどうするか」も子どもに委ねる，「つくり方にも独創や，個性があってもよい」という方針に変更したのです。

工具のかんななどを使う子どもも出てきましたが，これは一斉にかんなの使い方を指導したわけではありません。一人ひとりのつくるものが違えば，その工法も違ってきます。作業の様子を見ながら，木を削る方法には，（部材と加工の程度にもよりますが）木工やすりだけではなく，かんなという用具があること，その安全な使い方を教えることは，個別指導の一環でもあります。

つくり方は，実に様々です。中には，家でしっかり紙工作をしてきて，それを図面に直す子もいました。ある子は，まず大事なパーツを対で切り取り，それを並べ，その大きさを実感し，そこから方向を見つけるように次のパーツを見つけていきます。それは，一人ひとりが創造回路を見つけながら，次へ結びつけていく過程のように見えました。

「何をつくるかの個性」と，「どうつくるかの個性」の両面を見守る中，「一枚の板から」次々と豊かな卒業制作の作品が飛び出しました。

全校が見守る卒業制作

作品は，「6年生を送る会」が開かれる時期に「卒業制作展覧会」として，校内のギャラリーに展示されます。こうして毎年全校の子どもたちに見てもらうのです。

小さな子は，憧れの眼で卒業生の作品を見つめます。とりわけ5年生は「いよいよ来年はわたしたち。さて何をつくるか」との思案を，このときから巡らせるのです。毎年の繰り返しは，こうして課題のバトンが手渡されることにもなるのです。

粉・土・石

土・砂は，図工・美術教育以前から，子どもの領域としての「遊び」の素材です。屋外遊びの場として，仲間と出会う場として，砂場や地面は子どもが初めて出会う「自然材」であり，「空間」でもあります。これに水を加えた，「ドロドロ」「べちょべちょ」の感覚は子どもたちをますます開放します。その開放性から，子どもたちは次々と，アプローチを展開させます。

この土・砂の先の素材に「粘土」が位置づけられます。可塑性に富む粘土への働きかけによって，子どもたちの「つくりたいもの」が，手指の様々な動きや探索から生まれます。その意味からも，すぐどんな作品をつくるかという課題を提示することより，子どもが粘土と身体を通して土と交信し，遊ぶ，「造形あそび」としての出会いが大切になります。やがて，粘土への様々なアプローチを見つけながら，そのアプローチを「つくりたい」形に応用していきます。自主的なアプローチにこそ，つくられた形に「その子」が重なります。

硬い石は，石ころ程度の大きさなら，並べたり，描いたり，置いたりして，小さな子どもの隣に寄り添います。軟らかな石材なら，中・高生の美術での「篆刻」や「彫刻」になります。

材系図

土粘土 ▶p.64
- 彫塑用粘土
- 陶芸用粘土
  - 信楽
  - テラコッタ

合成粘土 ▶p.68
- 油粘土
- 紙粘土・軽量粘土
- 液体粘土
- ホイップ粘土
- 小麦粘土
- 樹脂粘土
- オーブン粘土

石 ▶p.72
- 小石
- 軟石
- 篆刻材
- 珪藻土

砂・土 ▶p.73
- 砂
- カラーサンド
- 土

粉 ▶p.74
- 石膏
- 胡粉
- 小麦粉
- コーヒーがら

土粘土

自然土には，繰り返し使える彫塑用粘土と，成形後に乾燥・焼成する陶芸用粘土があります。どちらも可塑性に富み，手やろくろを使って意図した形をつくりだします。「自然からいただく」土の粘土であり，大昔から人々の生活や精神に寄り添ってきた素材です。

土・石・粉 …… 土粘土

自然土を生かして調整した粘土

彫塑用粘土

灰色で，臭いもなく感触もよい ● きめが細かく可塑性に富む ● 粘土貯蔵容器に保管して繰り返し使える ● 多量の粘土を使う活動に適する ● 通常，1日で製作を終えるが，数日にわたるときは湿らせた布などを巻きつけビニルで覆っておく ● 彫刻の原型をつくって石膏取りをする

活動の展開

成形する … 粘土板の上でつくりたいものをつくる。
- 題材 好きなもの（低学年）
- 題材 運動する人（中・高学年）
- 題材 見たことない生物（中学年）

体全体でかかわる … 教室にシートを広げて多量の粘土を運び入れ，粘土遊びをする。
- 題材 みんなで粘土あそび（幼稚園〜低学年）
- 題材 タワーニョキニョキ（低・中学年）

組み合わせる … 粘土と他の素材を組み合わせた造形活動をする。
- 題材 ものを運ぶ人（高学年＋木切れ）
- … 芯材に棕櫚縄（しゅろ）などを巻き，粘土でモデリングする。石膏取りで原型をつくり，ブロンズ化する。

粘土のお値段 2016/10 現在

粘土の種類	容量	販売価格目安	備考
彫塑用粘土	1kg	200 円	10kg / 1,850 円
陶芸用粘土（信楽）	1kg	240 円	20kg / 5,000 円
陶芸用粘土（テラコッタ）	1kg	240 円	10kg / 2,300 円
油粘土	800g	500 円	
紙粘土	1kg	240 円	
軽量紙粘土	150g	280 円	
リキッド粘土	2.5kg	1,800 円	容器入り
ホイップ粘土	450g	540 円	150g / 260 円　各色あり
オーブン粘土	400g	650 円	7 色あり

… 収集材　… 購入材

彫塑用粘土の扱い方

彫塑用粘土は，繰り返し使えて値段も安く，造形遊びなどにも向く素材です。扱い方のコツを知り，活用しましょう。

保管

使い終わったら，大きな塊のままでなく，小さくちぎって真ん中あたりをへこませて，容器に戻します。ときには水分を補給して，「元気か？」と粘土の調子を点検します。

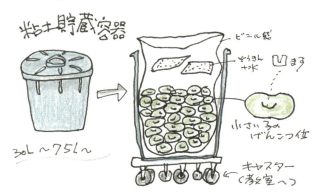

購入

塑像用粘土は，個人持ちでなく，多量に容器に入れて保管しておき，繰り返し使います。ですから，10kg単位で容器の量を考えて購入します。

表現

彫塑づくりー石膏取りーブロンズ化

長期にわたり造形するときは，水に浸した布を像の上にかけ，ビニル袋などをかぶせておきます。

粘土成形

個人用粘土板の上で，形をつくります。他の素材も一緒に使えます。保存はできません。

粘土遊び

一人からグループ，たくさん……まで，粘土に触れながら，好きな遊びを始めます。

土・石・粉 ……… 土粘土

成形後，焼き物窯で1,250℃の本焼きをするときに使用する粘土

陶芸用粘土（信楽）

濃い灰色 ● 可塑性に富む ● 素焼きすると白っぽくなる ● 釉薬をかけて本焼きすると，表面は耐水になる ● 本焼き後，装飾ができる ● 固まったら細かく砕き，水を加えて練り直す

 成形する・焼く …粘土の塊から，手びねりで成型する。

…たたら板で板状にして，底部に「どべ」を塗り，巻き立てて成型する。
題材 板づくり —マグカップづくり（高学年）

…手指でひも状にして，底部から巻きつけ，立ち上げてつくる。
…電動ろくろの回転と手で，容器をつくる。

成形後，800℃程度で素焼きするときに使用する粘土

陶芸用粘土（テラコッタ）

薄茶色 ● 焼成すると赤っぽい埴輪調になる ● 可塑性に富み，いろいろな形ができる ● 焼成後⇒そのままで完成／胡粉じゃぶ漬け ● アクリル絵の具で彩色もできる

 成形する・焼く …人類がつくり，残したもの。土偶，埴輪，土器など。

…自分の好きなものをつくる。
題材 お好み焼き（全学年）▶ p.76

…アプローチを提示して，そこからつくりたいものをつくる。
題材 マスクづくり（中学年）

テラコッタの仕上げ —胡粉じゃぶ漬け—

電気窯で焼成したテラコッタは，窯変もなくフラットな焼き色です。そこで，胡粉を水で溶いた中にじゃぶ漬けし，その後布で表面を拭き取ります。凸凹が胡粉によって浮き立ち，テラコッタ本来の色に白味が重なることで，アンティークな風合いになります。

① バケツ八分目の水に，胡粉（安価なもの）紙コップ1杯弱を入れます。

② 木の棒などでかき混ぜます。流し場で行いましょう。

③ 焼成後の作品を一つずつじゃぶ漬けします。すぐに上げてよいです。

④ テラコッタがすぐに水分を吸います。残った水は上から布で拭き取ります。

🖐 …収集材　　👛 …購入材

合成粘土

油，紙，土，木材などの原材を加工し，メディウムを合成して製造した粘土です。焼成せず自然乾燥で固まる粘土と，油粘土のように乾燥せずに何度も使用できる粘土とに分けられます。焼成しないので芯材が使え，その芯の形とともに自由な彫塑が可能になります。

土・石・粉　合成粘土

乾燥せず，何度も使える粘土

油粘土

繰り返し使える ● 配合材料や着色によって，色の違いがある ● 多少のべたつき，油の臭いがある ● 学校用から，工業モデリングに使う高級油土まで多種ある ● 成型後，粘土板の上に置いたまま展示できる

活動の展開

成形する…粘土板の上に，好きなものをつくる。粘土板のまま展示する。
- 題材　わたしの好きなもの（低学年）
- 題材　○○してる動物（低学年）
- 題材　だぁいすき！！（中学年／粘土で人を二人つくる）

パルプなどを原料につくられた粘土

紙粘土・軽量粘土

原料の違いにより，多様な種類がある ● 芯材と相性がよく，また芯材の形を生かしながら成形できる ● 乾燥後，着色，加筆ができ，ニスも塗れる ● 軽量粘土は極度に軽く，薄く伸ばしても使える

活動の展開

成形する…紙粘土の塊から，ひねり出して好きなものをつくる。
　　　　　…乾燥後，胡粉を溶いたものを何層か塗り重ねて仕上げる方法もある。
　　　　　…白地を生かして，水彩絵の具の線や模様などを加筆する。

組み合わせる…アルミ線を芯材にして，形をつくり，紙粘土を付着させていく。
- 題材　粘土の小さなイス（高学年）
- 参考：作家・ジャコメッティ

リキッド状になった紙粘土

液体粘土

広めの容器に移し，布を入れて粘土を浸み込ませて乾燥させると硬化する ● 乾燥後，絵の具などで彩色できる

活動の展開

染み込ませる…布を液状粘土に浸み込ませ，ものや道具を活用して，自分にとっての「いい形」に乾燥固定する。白のままで向きや置き方を考えて，展示する。
- 題材　ホワイト・クロス・オブジェ（高学年）

塗る…黄ボール紙に塗り広げ，他の細かい素材を混入したり，スクラッチしたりする。乾燥後，白地にパステルを部分的に塗り込む。

チューブ入りのホイップ状の紙粘土
ホイップ粘土

先端の切り口から，ケーキづくりのクリームのように粘土を押し出して使う ● 容器や，内容量も様々なものがある ● 白の他にも数色ある

活動の展開 → **装飾する** … 紙工作でデコレーションケーキの土台をつくり，ダンボールや他の素材でケーキの形をつくった上に，ホイップ粘土の「生クリーム」で仕上げる。
（生クリームの上に「銀粒」などを置いてもよい）
題材 デコレーションケーキ（低・中学年）
… 紙工作などの表面を立体的に盛り上げる。

小麦粉，水，食塩を混ぜ，着色した粘土
小麦粘土

耳たぶのような軟らかさと感触をもつ ● 自分でつくることも可能 ● 購入材では様々な色がある ● 粉から粘土になる過程を，つくりながら体験することができる ● 乾燥すると硬化する

活動の展開 → **成形する** … 粘土の質量から，大きなものはつくらず，手や指先での成型で好きなものをつくる。
題材 おいしそうなクッキー（幼稚園～低学年）
題材 小さなパン屋さん・本日オープン（幼稚園～低学年）
＊絶対に口に入れさせないこと

混ぜる … 数色を混ぜて，好みの色をつくる。

樹脂を主成分とした粘土
樹脂粘土

自然乾燥で硬化する ● 透明感と透過性がある ● 少量で販売されており高価 ● 硬化後も柔軟性がある ● 絵の具，マーカーでの練り込み着色も可能

活動の展開 → **成形する** … 細かな小物をつくる。
パーツにする … 立体工作の細かいパーツをつくる。
例：飛行機の工作のプロペラ，操縦席，操縦者　など

土・石・粉　　合成粘土

土・石・粉 ……… 合成粘土

オーブントースターで焼成し，硬化する粘土
オーブン粘土

よくこねると柔らかくなり成形しやすい ● 半透明，不透明のものがある ● 各色あり，少量で販売 ● 成形後オーブントースター 160〜180℃で 30 分程焼成すると硬化する

活動の展開

成形する・焼く… キーホルダーにつけるものなどの小物を成形して，オーブンで焼く。
… 別売りスプーン，フォーク，キーホルダーなどのパーツに巻きつけるように成形し，焼成する。

題材 マイ・カラフル・スプーン（高学年）

合成粘土の芯材アラカルト

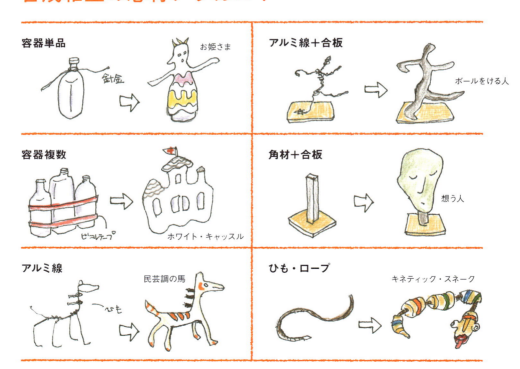

容器単品	お姫さま（針金）
アルミ線＋合板	ボールをける人
容器複数（ビニールテープ）	ホワイト・キャッスル
角材＋合板	想う人
アルミ線	民芸調の馬（ひも）
ひも・ロープ	キネティック・スネーク

石

自然石は硬いため，加工するより，そのままの石の形を見立てて絵の具で描き加えたり，並べたり，立体表現の中に取り入れたりします。昔は石けり，石投げなどの遊びに使う身近なものでした。軟石は，専用の刃物を使って丸彫りしたり，篆刻したりします。

土・石・粉……石

外に落ちている石
小石（収集材）

海辺や河川などが近ければ，量や大きさを考え，収集石として得られる（禁止されている場合もあるので事前に確認）● 小さくても重さがある ● 色や形がまちまち

活動の展開

- **並べる・積む・転がす・埋め込む**…屋外の場所を選び，並べる，積み上げる，転がす，埋め込むなど，小石遊びをする。
- **装飾材にする**…立体表現の「大道具」としての装飾材にする。
  - 題材 おじいさんの畑（低学年／粘土でつくった小さな畑に置く）
- **描く**…小石の形を見立てて，小石の顔，家族，車，動物など，アクリル絵の具で加筆する。

園芸用石，水槽用石などがある
小石（購入材）

インテリア材や工作材として販売されている ● 同じ形状，色のものを多量に入手できる

活動の展開

- **パーツにする**…他の素材とともにコラージュのパーツ材にする
  - 題材 コラージュ・ボックス（高学年～高校生）
- …立体，工作のパーツ材として活用する。
  - 例：壁掛け時計の文字盤
- **水に入れる**…ペットボトルを切って，水を入れた中に入れる（重石も兼ねる）。
  - 題材 ボトル・ウォーターパラダイス（中・高学年）

彫ることのできる軟らかい石
軟石・篆刻材・珪藻土

軟石　　…軟らかな石材で，彫ったり，削ったりできる
篆刻材…軟らかい滑石から，硬めの寿山石まで多種ある
珪藻土…海底，湖底に沈殿した煉瓦大に焼きしめた材 ● 彫刻刀や，やすりなどで加工できる

活動の展開

- **軟石**　彫る…彫刻刀やドライバーなどで形をつくる。
- **篆刻材**　彫る…専用固定具にはさみ，篆刻刀で彫って，印をつくる。
  - …つくった印を自分の作品に押す。
- **珪藻土**　彫る…特別な用具がなくても容易に彫れる。

砂・土

屋外造形活動として，校庭の「砂場」や，周辺の「地面」を活用する，「場」を伴う素材です。遊びとしての「土遊び」や「砂遊び」があるように，自然と出会う初めての素材でもあります。そして，その「場」は，ものや人との「関わりの場」でもあります。

砂場にある砂
砂

校庭の遊び場である砂場 ● 地域の自然な砂場（河辺，海辺）● 購入材としての建設用砂，ペット用砂など ● さらさらして，風でも飛ぶ軽さ ● 水を含ませると一時硬化する ● 絵の具や接着剤を混ぜることもできる

活動の展開

体全体でかかわる…砂場で，掘ったり，山にしたり，トンネルや形づくりをして遊ぶ。

成形する…砂場遊びに，水を加えて，砂の器や川・海づくり，砂団子づくりをする。

場として活用する…細木の先に紙工作した作品を砂場に挿し，造形活動の場として活用する。
　題材　風のゆらりん（中学年）

描く…接着剤や絵の具を混ぜ，平面表現に活用する。
　題材　ぬったくり絵画（高学年）
　題材　洞窟の絵（高学年）

大理石粉に着色したもの
カラーサンド

多様な色がある（12～24色）

活動の展開

描く…専用の糊つき台紙に，砂をまいて絵を描く。
　題材　カラー砂絵（中学年）

…メディウムと混ぜて，絵画表現に活用する。

校庭の周りの土
土

校庭にある土はまず「地面」，掘り出して「土」● 購入材としての土 ● 園芸用の黒土 ● 左官で使われる各地の色土もある ● 各地の様々な色の土を集めた土絵の具セットが販売されている

活動の展開

体全体でかかわる…地面を使って，釘打ちやビー玉遊び，穴掘りをして遊ぶ。
　…水を加えて，泥遊びをする。

描く…土を運び込み，接着剤や洗濯のり（PVA）と，絵の具を混ぜる。
　題材　土絵の具で描く（中・高学年）

粉

粉ものは，水やメディウムを加え，粘りや付着性をもたせて描画材として使うものがあります。さらに，石膏という粉が硬化するマジックのような素材もあります。彫塑粘土の粉状，小麦粉などに，水分を加えながら手の中で「粘土化」する体験もできます。

土・石・粉 …… 粉

結晶石膏を160〜170℃で焼成してつくられた粉末

石膏
せっ こう

白色 ● 水を加えると50分以内に発熱し，凝固する
＊処理時は流し場に流さず，不燃ごみとして，細かいものまで袋に入れて処分する（排水管が詰まるため）

活動の展開

凝固させる…ビニル袋に水で溶いた石膏を入れる。手に持ったり，ものの上に置いたりして，凝固する経緯，熱や感触で受けとめる。
　題材 石膏あそび（高学年）

…油粘土で，部屋の様々な凸凹部分に押しつけ，石膏で形を残す。
　題材 凸凹コピー（低学年）

つける…スタッフに石膏を浸し，いろいろなもの（金属，木，陶器など）を接合していく。
　題材 なんでもくっつけ石膏オブジェ（高学年〜中学生）　＊スタッフ＝マニラ麻（繊維質）

貝殻を焼いて製造した炭酸カルシウムの粉末

胡粉

古来より膠を結合剤にし，白の顔料として使用 ● 少し粗めの白い粉 ● 図工室では，木工用接着剤などをメディウムに使用
＊図工・美術で使用するときは，高級なものは避け，1kg詰の安価なものを使う

活動の展開

描く…胡粉＋木工用接着剤＋白ポスターカラーで，どろどろ状のホワイト絵の具をつくり，絵画表現に活用する。
　題材 フクロウ（中学年）　**題材** ヨーロッパの街並み（中・高学年）

塗る…張り子の表面に何層も塗る。マット状の仕上げとなるため，上から泥絵の具で彩色したり，線を描き込んだりできる。

…焼成したラコッタ粘土の表面加工に使う。バケツに胡粉をそのまま溶いて，作品をじゃぶ浸け，乾いたらぼろ布で拭き取る。▶p.66「テラコッタの仕上げ」

小麦を挽いて作られた穀粉

小麦粉

さらさらしている ● 白いパウダー状の粉 ● 水で溶くと，多少粘度が加わる

活動の展開

粘土にする…小麦粉とサラダ油，塩を適量入れてこねると，小麦粉粘土ができる。

コーヒーを入れた後の粉

コーヒーがら

ドリップ式のコーヒーがらを濾した後，乾燥させて使う ● ざらついた質感の粉で，多少コーヒーの香りが残る ● インスタントコーヒーの粉をそのまま使ってもよい

活動の展開

描く…接着剤と混ぜ合わせ，ザラついたマチエールをもつ絵の具として活用する。
　題材 洞窟の絵画（中学年）

🖐 …収集材　　👛 …購入材

| 低学年 | 2時間 | 個人活動 | 教室，図工室（机上）場所 |

合成粘土を使った造形活動

わたしのいい凸凹

紙粘土を押しつけたベニヤ板に，白黒のよさを感じながら型押しする。

- **ねらい** 白・黒・灰の色を感じたり，型押しの工夫をしたりしながら，「わたしのいい感じの凸凹の面」をつくる。
- **素材** 紙粘土（白）800g程度，ベニヤ合板（0.3cm厚×22cm角）
  ＋墨汁，木工用接着剤，型押しグッズ（空缶・ふた・マーカーキャップ・木片など）
- **提示** 自分で3色の粘土を調整しながらつくることができるように，机上を整理しながら作業を進めるようにする。

流れ

① 紙粘土を三つに分け，3色の粘土をつくる。一つは何も加えずそのまま（白色），二つ目は墨汁を混ぜ（黒色），三つ目はほんの少し黒を加える（灰色）。

② ベニヤ板に，木工用接着剤を塗り広げる。

③ 白・黒・灰色の粘土をちぎり，ベニヤ板の好きなところに押しつけて広げる。

④ 型押しグッズで形を押しつけたり，墨汁を塗って押しつけたりしながら，自分のいい凸凹のレリーフを完成させる。

出張授業 in 韓国（2年生）

素材を変えると

粘土を変える

茶色の油粘土を使って，粘土板に粘土を押しつけ，指や用具を活用して「畑づくり」をします。

題材 おじいさんの畑（低学年）

または，板状にした焼成用粘土に，同様に型押し遊びをして焼成します（あまり薄くしないこと）。できた作品を持ち寄り，共同展示をすると壁面装飾にもなります。

題材のよみとり

凸凹と白黒を楽しむ

レリーフ状の絵を描くことはしません。白と黒と灰色の組み合わせと，いろいろなもので生まれる凸凹の形の響き合いを楽しみます。

| 全 学年 | 1-2 時間 | 個人 活動 | 教室，図工室 場所 |

2 お好み焼き

陶芸用粘土を使った造形活動

テラコッタ粘土を自由な形に成形して，焼き物にする。

- **ねらい** 粘土の塊からアプローチを探し，試しながら，自分のつくりたいものを成形する。

- **素材** テラコッタ粘土（低学年…500g，中学年…750g，高学年…1kg） ＋竹串，雑巾　など

- **提示**
  - 塊から切った粘土を，子どもたち一人ひとりに手渡す。
    手のひらで直接粘土の重さや冷たさなどの感覚を感じられるようにする。
  - 粘土が足りなくなったら「少しだけ」のつけ足し粘土を提示しておく。
  - へらやかき出しべら，たたら板，丸棒などは，子どもの要求や学年によって受け渡す。

流れ

① 粘土板の上に，受け取った粘土の塊を置く。しぼった雑巾，竹串1本も用意する。

② 自分のアプローチとともに，粘土に働きかけながら，つくりたいものを見つけ，大まかな形をつくっていく。

③ 粘土から生まれた形を見ながら，より細部をつくったり，つけ加えをしたりして，自分の「お好み」の形に近づける。

④ 乾燥後，800℃で焼成し，表面の仕上げをする場合もある。▶p.66「テラコッタの仕上げ」

子どもの自由を尊重するものを，以下の3点の製作は自粛指導する

- ◆ キャラクターもののコピー
- ◆ お茶わんなどの実用品
- ◆ 戦争に関する武器装備（筆者の指導方針）

自粛指導は，子どもの視点を新たなる表現の広がりへと向かわせるための手立てでもあります

提示 を変えると

粘土の量・そのポイント

粘土の量は，そのときの子どもの手の大きさに比例して提示します。粘土を両手に納め，量と塊を感じながら，造形を進めます。学年が上がるにつれて量が増していくのは，作品の大きさだけではなく，分割やつけ足し，土台など，形づくりの工夫や構成する可能性を委ねるものです。

題材の広がり

お好み焼きグランプリ

完成した焼き物は，ギャラリーやコーナーに「お好み焼き展」として展示し，全校児童と見合います。最後に投票をして「2017 お好み焼きグランプリ」を決めるイベントなども企画するとよいでしょう。

「お好み焼き」での
テラコッタ粘土提示例

お好み焼きは，事前に何をするか知らせず，粘土と子どもの出会いがしらの造形を大切にします

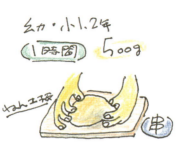

粘土の塊にさわりながら

粘土の塊を変えながら，伸ばす・ちぎる・へこます・つける

構想をもって粘土を変えながら，土を分ける。基盤（土台）をつくって…情景・抽象も

焼き物粘土のお約束

- 細かいものをたくさんつくるより，塊でドカン！とつくろう
- 粘土板から持ち上げてつくろう
- あまり細かすぎたり，薄すぎたりしないこと。焼くときに，折れたり割れたりしちゃう

「こんなのつくっちゃった！」への対応策

- 小さいのたくさんつくっちゃった！
  → お皿や台をつくって，その上にくっつければ大丈夫。
- 粘土板の上に，ぺったんこ自転車つくっちゃった！
  → そっと焼いて，立たせてみよう。
- 焼いたら薄いところが割れちゃった！
  → 割れても木工用接着剤があるさ。

何をつくる？　どうつくる？のアプローチは，十人十色

- 粘土を持ったり，触ったり，叩いたりしながら「まず，手を動かしちゃおう！」
- 「わたし，ずーっとつくりたいものがあった！」
- 「恐竜つくりたいけど……先生は『たまにはチャレンジ！』って言う」
- 「去年あの子がつくったものにしよう」
- 「絵に描いてみようかな」
- 「言葉で探してみようかな。『月を見ているさみしそうな象』なんてどうだろう」
- 「思いついたお話も，粘土でつくっちゃおう」

成型後のケア

焼成後のケア

- そのまま……埴輪の風合い
- 胡粉じゃぶ漬け　▶ p.66「テラコッタの仕上げ」
- べんがら，釉薬をかけて，また焼成
- アクリル絵の具で部分彩色

column
自由粘土の手渡し

「お好み焼き」の子どもたち

彫塑的表現としての≪焼き物授業≫のお話をします。自分で成型した土が乾燥して固くなり，やがて焼成され，温もりのある「焼き物（陶器）」として手元に帰ってくるこの活動は，子どもたちの一年に一度の楽しみであります。

図工教師かけ出しの頃は，どの学年の焼き物成型にも，それぞれ「課題提示」をしておりました。低学年なら「土をぺったんこにしてマスク」づくり，今年は「動物をつくりましょう」。中学年なら「お魚づくり・ギョギョ魚」，高学年なら「都会のかたち」など。教師の提示したそれぞれの「課題」を，子どもたち一人ひとりがどう受けとめて，どう土塊を手指で加工し，それぞれのかたちをつくりだすか，そのことにポイントを置きながら。

それぞれの学年の焼き上がった作品はどれもこれも面白いものでした。課題設定には，そこに明解な指導意図が作用しております。「粘土を叩きながら，板状にして，そこにマスクを表現させる」とか，「2kgぐらいの粘土を，体を使って立たせながら（泳がせながら）魚を表現させる」とか。課題設定には，この「……させる」ことを通して，「何かを育む」という指導意図が働いているのです。

一つひとつの課題に応えた焼き物作品をよく見ると，実にそれぞれ粘土の可塑性を生かした工夫が見られました。粘土は，その可塑性で，子どもの「つくりたい」を十分に受けとめられる素材であります。それは粘土という豊かな可能性をたくさん詰め込んだ「素材」の魅力なのです。であるなら，それを子どもという，これも豊かな表現欲求をもったものとどう出会わせるべきかを考えはじめたのです。つまり，「もの」という素材の豊かさから，「子どもの豊かさ」をどう広げるべきかを思索し始めたのです。

最初から，粘土の可塑性と子どもを出会わせたい，そしてそこから何を感じ，何を考え，何をつくりだすのか，それを見てみたい，という「指導意図」が生まれました。ここに「自由粘土ワーク」が展開しはじめたのです。

「全校お好み焼き」という実践の誕生です。そこには，「もの観」と「子ども観」，それぞれの豊かさの出会いの設定がありました。

お好み焼きの「素材」と「子ども」

「お好み焼き」の指導で大切にしたことの一つに，毎年繰り返すということがあります。一年に一度，こうして1年生から6年生まで，焼き物が一つひとつ焼き上がり，手元に残ります。

土塊から，つくりたいものを成型するには，様々な粘土の可能性を子ども自身が知っていることが問われます。ここに素材体験の大切さがあります。一年に一度の焼成用粘土での成型だけでは，この素材体験には限界があるのです。そこで1年生から，油粘土・彫塑用粘土の体験を毎学期の造形活動に組み込むことにしていました。ときにはそれぞれの題材に，粘土への多様なアプローチを意図的に導入し，「叩いて，板状にしてから」とか，「糸で切って積んで」という造形活動と関連づけたりとか，「ひねり出してつくる，ラブラブな二人」などというように。また，高学年での焼き物づくりではお好み焼きだけでなく，「土のいいかたち」などのような抽象的な粘土課題も提示しました。

このように活動を通して粘土という「素材」の豊かな可塑性を生かす題材を意図的に配置して，「素材体験」の積み重ねを図っていたのです。

もちろん，毎年の「お好み焼き」自体の積み重ねも大切にしてきました。

焼き上がった作品を「全校お好み焼き展覧会」と銘打ち，校内の展示スペースに並べ，全校児童で≪お好み焼きグランプリ≫の投票をしました。ここでは，粘土から生まれた様々な形を全校で見合うことを通して，「あぁ，こういうものもできるんだ」という発想の共有につなげることをねらっています。

『ねこの家族』胡粉じゃぶ漬け ▶ p.66

布・ひも・テープ

「自立材」としての木や厚紙,金属に比べ,自分では立ち上がれない「非自立材」の布は実に頼りないものです。しかし,そのしなやかさ,可塑性こそ,布の最大のよさであります。「頼りなさ」は,逆にどんな形にも変容したり,吹く風に何とも言えない優雅な動きで反応したりします。すぐに支持材(針金など)で固定することなく,この「頼りない豊かさ」をアプローチによって生かすことが大切であり,それが「布」という素材を生かすことにつながるのでしょう。

布にはもう一つの豊かさがあります。それは,布に託された,色や柄です。この豊かさと布の風合いを生かした造形こそアプローチの腕の見せどころなのでしょう。

ロープやひも類も,用途としては何かを縛るとか,何かに結びつけるという,何かに頼り,何かをまとめるなどの「脇役」かもしれません。しかし,地面にランダムに置いたロープの線に,美しさを見出すこともあります。アプローチは,そんな発見から生まれるものです。

材系図

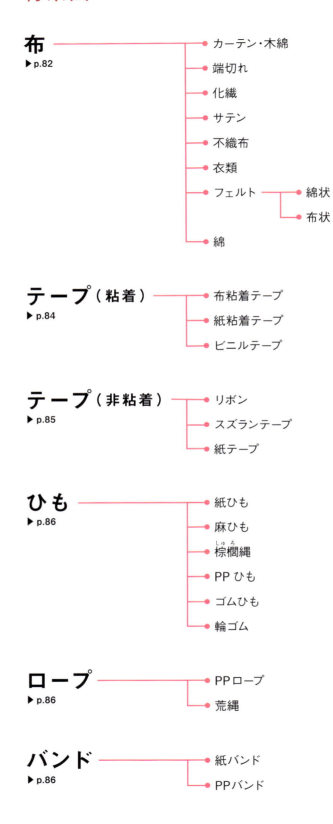

- **布** ▶p.82
  - カーテン・木綿
  - 端切れ
  - 化繊
  - サテン
  - 不織布
  - 衣類
  - フェルト
    - 綿状
    - 布状
  - 綿

- **テープ(粘着)** ▶p.84
  - 布粘着テープ
  - 紙粘着テープ
  - ビニルテープ

- **テープ(非粘着)** ▶p.85
  - リボン
  - スズランテープ
  - 紙テープ

- **ひも** ▶p.86
  - 紙ひも
  - 麻ひも
  - 棕櫚縄(しゅろ)
  - PPひも
  - ゴムひも
  - 輪ゴム

- **ロープ** ▶p.86
  - PPロープ
  - 荒縄

- **バンド** ▶p.86
  - 紙バンド
  - PPバンド

布

布は，自立材ではありません。それゆえ，しなやかで，不定形な美しさがあります。縫合したり，縛ったりして，いろいろな加工をすることで，その色や模様も含めて，布の豊かな風合いが生まれます。触れたり，まとったり，布は生活と身体とに結びついた，まさに，人のための素材でもあります。

布・ひも・テープ……布

木綿糸などで織った織物
カーテン・木綿

カーテン…広い布面 ● 柔らか ● はさみで切ったり，裂いたり，縫い合わせたりする ● 学校で廃棄される無地のものをもらっておく
木綿…柔らか ● やさしい感触 ● 身にまとう活動に適する ● 色柄も豊富

活動の展開

体全体でかかわる…多量の布を，室内空間に吊り下げたり，覆ったり，敷くなどして遊ぶ。
題材 布パラダイス（中・高学年）▶p.89

固める…布を適当な大きさに切り，容器に入れたリキッド粘土に浸し，台面に置いた型にかぶせて乾燥固定する。
題材 布のかたち（中学年／半立体）
題材 布の山，島（中学年）

かぶせる・張る…布を針金などの支持材で形をつくったり，浮かせたり，展示を工夫したりする。
題材 布のかたち（高学年／立体）

布の切れ端
端切れ

多様な色や模様，柄がある ● 各家庭で収集してもらう ●「布地の端切れ」としての購入材もある

活動の展開

切る・貼る…布面を生かして，切ったり，貼ったりして，コラージュする。
題材 キレのいい顔（中学年／具象）
題材 クロス・コラージュ（高学年〜高校生）▶p.88

…端切れを，空き箱に貼る。
題材 箱のパッチワーク（低学年）

化学繊維の布で，繻子（しゅす）ともいう
化繊・サテン

光沢があり，柔軟で滑りがよい ● 摩擦には弱い ● 多様な色や柄がある

活動の展開

縫う・詰める…サテンをある形にして縫い合わせ，中に綿を詰めたり，いくつかの形のパーツを組み合わせたりする。
題材 サテンのいいかたち（高学年）

貼る…コラージュ材として，木綿などの生地と対比して活用する。

…収集材　…購入材

接着剤や熱処理で繊維をウェブ状やマット状にした布

不織布

弾力があり，通気性，防縮性に富む ● 編んでいないので，布の目の方向性がない ● 様々な色がある

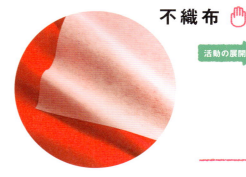

活動の展開
描く…スローガンの垂れ幕や横断幕，応援旗をつくる。
着る・かぶる…祭りのはっぴなどの身に着けるもの，帽子などのかぶるものをつくる。

不用になったTシャツ，靴下など

衣類

収集材として，家庭に収集依頼をする ● 衣類や靴下の形（袖口，首，袋状）を生かす ● 多様な色や柄，形状がある

活動の展開
詰める・立ち上げる…新聞紙などを詰めたり，ワイヤーを入れたりして，形をつくる。
題材 Tシャツ・マイランド（高学年）

羊毛などの毛に色づけしたもの

フェルト

熱を加え縮絨し，布状にしたものと，綿状のままの形がある ● いろいろな色や大きさがある ● 切っても端がほつれない

活動の展開
綿状フェルト 詰める…立体コラージュ材として，箱や空間に詰める。
布状フェルト 切る・貼る…切ったり，接着したりして，布のオブジェをつくる。

木綿，絹，化繊などが絡まり合っているもの

綿

圧縮すると小さく固まる ● ほぐすとフワフワになる ● 一般的には真っ白

活動の展開
巻きつける…ワイヤーなどの支持材に綿を巻きつけて，フワフワ感を生かした形をつくる。
題材 ワタ人間が現れた！（低学年）
装飾材にする…冬景色の「雪」にして活用する。
詰める…パッケージアートの材料として，ビニル袋などに詰める。

テープ（粘着）

様々な「もの」の接合に活用されます。用途によって，幅や材質を選んで使います。工作や造形遊びでの貼りつけ作業や，組み立て作業を簡易にし，造形活動全体をスピーディに展開するために，なくてはならない素材です。

布面に接着面を付着したテープ
布粘着テープ

幅5cmのものが多く使われている ● 一般的なのは茶系の色 ● 他にも様々な色がある ● 布地に沿って，手でちぎれる ● 粘着部分は，日差しや熱に弱い

活動の展開
- **貼る**…強度を要するダンボール箱の組み立てに使う。
- **束ねる**…木材やパイプの結束に使う。
- **装飾材にする**…紙工作の立体作品表面のコーティング。

クラフト紙に接着面を付着したテープ
紙粘着テープ

クラフトテープ…幅約5cm ● 貼り重ねができない ● 専用カッター台もある ● 貼り重ねができるネオクラフトテープもある

マスキングテープ…様々な幅がある ● 白い塗装養生用のものから，色柄多彩な装飾用まである

活動の展開
- **クラフトテープ**
  - **貼る**…小型，軽量用のダンボール箱を組み立てるときに使う。
  - **描く**…画用紙に，テープ面でコラージュする。上から水性インキをローラーでつけ，ウエスでテープ面を拭き取る。
    - **題材** ガムテープ虫・マスク（中学年）
- **マスキングテープ**
  - **つなぐ**…薄紙や新聞紙を重ねたり，つなげたりするときの接合材として使う。
- **装飾材にする**…いろいろな工作やデザインの装飾線材として使う。

ビニル地の接合テープ
ビニルテープ

電気の絶縁性が高い ● 配線の確認のため，様々な色のテープがある ● 耐水性がある ● 手でもちぎれるが，はさみで切るのがよい

活動の展開
- **束ねる**…細めの木材の結束接合として活用する。
  - …ペットボトル工作の結束，塩ビパイプの結合補強など，水を使う造形の結束として活用する。
- **断つ**…電気を使う造形の配線の絶縁処理に活用する。

テープ（非粘着）

布製品，化成品と，紙製品があります。幅や色柄も多様です。生活の実用使用とともに，非粘着性のアート線材として空間を仕切ったり，室内をめぐらせたり，身体に巻きつけたりと，造形活動の幅を広げてくれます。

布地（サテンなど）のテープ

リボン

様々な色や幅，種類がある ● 切断面からほつれることがある

活動の展開

飾る … いろいろな印として，結んで活用する。
… リボン，バンダナ，ベルトなど，身体に結んで，おしゃれに生かす。
… いろいろな結び目をつくって，プレゼントに気持ちを込める。

垂らす・巻く … 空間に垂らしたり，ものに巻いたりする。
題材 リボン・デ・アート（低学年）

幅広のポリエチレンテープ

スズランテープ

幅5cm ● 多様な色がある ● 切るときはピンと張って，はさみで切る ● 耐水性があり，屋外でも使用可能

活動の展開

仕切る … 運動会の会場設営の際など，場や空間をテープで仕切る。
題材 スペース・テーピング（中学年）

束ねる … 木材，パイプ材などの結束。屋外保管も可能。

裂く … テープをまとめ，裂いて，応援団が持つボンボンにする。

紙でできたテープ

紙テープ

幅1.8cm ● 多様な色がある ● 薄い紙で，手でちぎることができる ● 水に弱い

活動の展開

投げる … 船出の際にテープを投げ，気持ちを交わす。

飾る … 壁面やくす玉などに垂らしたり，輪飾りをつくったりする。
… 一人で紙テープをつないだり，巻きつけたり，持って走ったりする。
題材 紙テープあそび（低学年）

張る … グループになり，室内空間でテープを交錯させる。
題材 蜘蛛の巣城（中・高学年）

ひも・ロープ・バンド

ものを結束したり，梱包に用いたりする「縛る」ためのものです。パーツ相互をまとめたり，芯材に巻きつけたりします。さらに，素材自体の「線」的な面に着目し，ひもの長さや線の面白さを空間表現にも広げます。

細紙を撚ってひも状にしたもの

紙ひも

様々な色や太さがある ● ドーナツ状になっており，内側から取り出して使う ● 先端のよりを戻して，広げることもできる

活動の展開
- **束ねる**…小物，冊子などをまとめて，束ねる。
- **パーツにする**…紙工作の細かい部分や線の材料として活用する。
- **貼る**…紙版画の線の部分に活用する。

麻糸を撚ってつくった細めのひも／荒さのある棕櫚繊維で撚られた縄

麻ひも・棕櫚縄

麻ひも…細い ● 柔らかい ● 結束の食い込みが強い
棕櫚縄…太い ● 固い ● 屋外でも使用可能

活動の展開
- **麻ひも**
  - **巻きつける**…粘土彫塑の芯材に巻きつけ，粘土の定着をよくする。
  - **パーツにする**…自然材の質感を生かして，工作やコラージュ材として活用する。
- **棕櫚縄**
  - **束ねる**…屋外の竹垣の結束に用いる。
  - **描く**…数本を束ねて，先端を筆にして，粗いタッチの線を描く。

幅の狭いポリプロピレンひも

PPひも

軽い ● 耐水性がある ● 強度がある ● 安価 ● ドーナツ状になっており，屋内外で多量に使用することができる（1巻／150〜300m程度）

活動の展開
- **束ねる**…屋外に置いておくものを束ねたり，縛ったりする。
- **垂らす・結ぶ・張る**…体育館の梁などから垂らして，作品の空中展示に使う。
  …樹木などを活用して，ひもを垂らしたり，結んで交差させたりして，空間の線構成としての活動をする。
  題材 さくらハウス（中学年）

芯に糸状ゴムを通したひも／輪状のゴム
ゴムひも・輪ゴム

ゴムひも … 断面が平たいものと丸いものがある ● 長いものもある
輪ゴム … 輪の直径が多種ある・直径によって No. がつく

活動の展開　**束ねる** … ものに合わせて，ひもを輪にして結束する（縛る手間を省く）。
　　　　　　　反発力を利用する … 復元力や反発力を動く「もの」と連動させ，音をつくる。
　　　　　　　　　　　　　題材 チャレンジ・ティンゲリー（高学年）
　　　　　　　　　　　　… 長めのゴムをねじり，復元力を利用して回転に変える。
　　　　　　　　　　　　　例：模型飛行機などのプロペラ　など
　　　　　　　　　　　　… 輪ゴムを伸ばし，飛ばしたり弾いたりする工作に使う。
　　　　　　　　　　　　　例：割り箸鉄砲，コリントゲーム　など

PPひもを撚ってつくったロープ／わらで撚った太めの縄
PPロープ・荒縄

化成ロープ … 軽くて丈夫 ● 耐水性がある ● 様々な太さがある
荒縄 … ざらっとした表面

活動の展開　**荒縄**　**編む** … 編んで草鞋に，木材を組んで屋台など郷土祭りに，今も残る。
　　　　　　　　　　描く … 荒縄の先端のタッチを生かして，墨絵などを描く。
　　　　　　　　　　　　　題材 鬼の面（中・高学年）
　　　　　　　PPロープ　**束ねる** … トラック荷の結束など，ものを束ねるときに使う。
　　　　　　　　　　　　吊る・固定する … 屋外造形活動などで，ものを下げたり，固定したりする。

紙ひもを連ねてバンド状にしたもの／ポリプロピレンのバンド
紙バンド・PPバンド

紙バンド … 張りがある ● クラフト用として，多様な色がある
PPバンド … 主に専用結束機で，熱処理で接合したり，専用のストッパーで固定する ● 多様な色がある ● 裂くこともできる

活動の展開　**紙バンド**　**組む** … バンドを組んで，接合してつくる。
　　　　　　　　　　　　題材 紙バンドハウス（中学年）
　　　　　　　　　　動かす … バンドの両端に割り箸をつけて動きを楽しむ。
　　　　　　　　　　　　題材 ダンス人形（低学年）
　　　　　　　PPバンド　**組み合わせる** … カラフルな色を生かし，ホチキスで接合する。
　　　　　　　　　　　　題材 バンド・昆虫（高学年〜中学生）

ダンス人形

学年	時間	活動	場所
高～高校生	2	個人	教室・図工室（布地を置いて選べるコーナーを設置できる場所）

布を使った造形活動

クロス・コラージュ —布のかたち—

布の色や形の組み合わせを生かして，コラージュする。

- **ねらい** 台紙の色と感応しながら，布の形や，布同士の関係の美しさを構成する。
- **素材** 様々な色・柄の布地（コラージュ用に細断し，分類しておく）
  ＋コラージュのベースとなるボードや厚紙，アクリル絵の具，接着剤，裁ちばさみ
- **提示** イメージに合うものを選びやすいように，あらかじめ布は15cm角くらいに切り，色分けして透明袋に入れ，「布コーナー」に置いておく。

流れ

1. 接着ボード（5mm厚）に，背景となる用紙（色画用紙・色紙・和紙など）を選んで貼る。
2. 布の柄や色を感じながら，いくつかの組み合わせを考えて，台紙に置いてみる。
3. 布の形や関係を見ながら，コラージュパーツを切り取る。
4. 「具象的な貼り絵」ではなく，布の色と形の組み合わせから生まれる美しさを感じながら，台紙に接着剤で構成していく。

品川区青年教室参加者製作

素材 を変えると

台紙とコラージュ素材の組み合わせを変える

台紙を厚口画用紙，ダンボール紙，ボードなどから選び，コラージュ素材も色画用紙，和紙，新聞紙，金銀色紙などから選ぶようにすると，色や形の構成の難度は高くなるため，中学生～高校生向きの活動となります。

はじめの布・その響き合い

布を切るところから，アートが立ち上がります。どのくらいのサイズで，どんな形にするか。最初の布がまさに布石。その色と形が次の布を決めます。布石がおかしかったら，代えればいいのです。操作⇄感受から，布の響き合いを聴き取ります。

学年	時間	活動	場所
中・高	2	グループ（3人）	特別教室や集会室（室内の机やイスは，そのまま活用する）

2 布パラダイス

布を使った造形活動

グループで，室内スペースに布を垂らしたり敷いたりしていく。

ねらい 布の面や，色・柄などを生かしながら空間を仕切ったり，新たな空間をつくったりして，布いっぱいの場をつくる。

素材 いろいろな大きさ・模様の布　＋ロープ

提示
- 太めのロープを用意し，室内のパイプやものを生かして張りめぐらせておく。
  ※布はかなりの重さになるので，ロープの太さやロープを結ぶ器具などの安全性を十分に確認しておく
- 布の種類，大きさがわかるように事前に整理して置いておく。
  ※はさみは使わず，手で吊るす・結ぶ・たるませるなど，布の風合いを生かしたアプローチで活動を進める

流れ

① 布をロープに垂らしたり，床や机に敷いたりしていく。グループで場所を決め，そこを起点として活動する

② 「布パラダイスに暮らす」をテーマに，グループで「巣」になる場所を決め，暮らしぶりを考える。

③ 「布パラダイスへようこそ」と題し，他学年の子どもにも，人員や約束を決めてガイドする。ガイドの企画や運営も，子どもたちが行う。

実践・写真提供：有馬楓（多摩市立聖ヶ丘小学校）

布パラダイスのツアーガイド

このような空間造形は，布でつくられた内側の世界を感じるか，外側から布の構成を「眺めてみる」かどうかで大きな違いや発見があります。
ですから，グループで「暮らし方」を語り合い，「そろそろ散歩に……」と新しい巣を見つけに出かけ，さまようという体感的な鑑賞をしましょう。

提示 を変えると

布で覆うものを変える
体育館を活用し，ロープではなく用具やボール，備えつけのものなどを配置して布で覆っていきます。みんなで話し合いながら行うグループ活動です。

題材 クロス・パラダイス・イン・ジム（中・高学年）

題材のよみとり

布の形を探しながら
大切なのは，布と触れ合いながら活動することです。身体を通して，布の豊かさを発見しながら，それを空間造形に生かします。布への様々なアプローチ……布の面，敷く，重ねる，しわ，丸める，絞る，結ぶなどを試し，それをどう組み合わせるか考え，空間づくりへとつなげます。

column

自立材と非自立材

造形素材には，素材単体で立っていられるものと，そうでないものとがあります。これらを「自立材」と「非自立材」として，分けてみます。

自立材のイメージとしては，独立性が強く，しっかりしていて，工具による改変をも「全身」で受けとめる，まるでタフガイのような素材を連想します。代表的な素材に，石材，木材，厚紙材などが挙げられます。

しかし，すべての自立材が重厚な素材であるとは限りません。ある程度の形状と，素材の組み合わせが必要なものもあります。紙の項目で，「厚紙」とあえて記したのは，「薄紙」に対比させるためです。薄紙を立たせても，すぐに倒れてしまいます。木も同じです。細い工作材などは1本ではなく，何本かの集結によって，ようやく自立できるようです。

非自立材の魅力

非自立材は，名は体を表すごとく，実に頼りない，依存型の素材です。布がその代表的なものになり，薄紙やビニル類，さらにひもやロープなども続きます。でも実は，「頼りない」などと布材を軽んじてはいけません。六本木の森美術館で見た，かなり薄い布のお話です。機械仕掛けの金属棒が上下する装置の，その棒の先に布が括られておりました。棒が一番高いところまで延ばされ，その瞬間，すぐにまた下降していきます。棒先の布は，まず大きなうねりをまとい，さらに妖しいばかりの姿で舞い降りてくるのです。無機質な高層ビル街を背景に，布の動きは，実に軽やかなダンサーのようでした。この風景に，心から拍手を送りたくなる思いをしたのです。

人を寄せつけないような，独立して存在する自立材に比して，人の手や身体，他の素材に赴かれた素材が非自立材なのです。ですので，非自立材を手で操作しながら，その動く姿態の美しさや面白さを留まらせ，その形を「獲る」には，自立材の助けが必要となる場合があります。

不要になったTシャツを持ち寄る「Tシャツランド」という題材があります。シャツの中に，新聞紙を詰めたり，所々を縛ったりしながら，形見つけをします。生まれたその形を留まらせるには，やはり木材の台座に固定するとか，中に針金を入れて形を固定して吊るなどの策を練ります。非自立材の形を留めるには，物理的な自立材に助けを求めたり，引力と闘いながらの共存を考えたりする，そんな対策が不可欠なのです。

この対策が，非自立材ならではの表現を生み出す，創造的な技能と結びつくことにもなるのです。

もちろん，無理やり非自立材を「独り立ち」させなくともいいのです。非自立材＝他立材ではないのです。非自立材のよさを探りながら，その素材からしか見ることができない姿態を引き出し，生かすことが大切です。非自立材が人に委ねるものは，しなやかな形状とともに，そこから招かれるようなアプローチの幅と，内包されている造形の可能性なのです。

小学校低学年の造形遊びには，特別な工具を必要としない非自立材が多く活用されます。素材のしなやかさが，子どもたちをひらき，その手や身体から，いろいろな遊びが展開されます。アプローチが多様な素材ほど，子どもの自由に委ねる「造形遊び」の素材として適材と呼べるのかもしれません。やがて，学年とともに自立材を扱うことになり，造形も自分も自立するのかと，「自立」を育ちに重ねてみたりもします。

非自立材の薄葉紙だけでも，塊をつくるように丸めていけば，しっかりと自立した形に近づくこともできます。これは非自立から，自立への変質なのです。

造形素材を比較するための視点

ここまで，まるで非自立材の弁護人のようになりましたが，素材を単材だけで「くわしくなること」に陥らず，様々な切り口から素材相互を横切るような分析を試みることも大切です。素材の比較を通して，その素材の豊かさが顕在化し，さらにその可能性が，活動内容とともに見えてくるかもしれません。

「造形素材比較論」とでもいうようなこの視点は多様にあり，同じように素材を横断分析することができます。これらは「素材にくわしい」への課題でもあります。

化成材

化成品は，生活のあらゆる場に浸透している素材です。まさに現代の身辺材とも言えましょう。大別すると，「袋もの」であるビニル袋類，「入れもの」であるプラスチックの食品容器や生活用品，購入材としての「板もの」には，アクリルやスチロールなどがあります。

子どものアプローチは，素材の硬さに応じて変わってきます。軟らかなビニル類は，袋に詰め込んだり，色を生かして切ったり貼ったりして，身につけるものなどにします。「入れもの」は，加工時の可塑性を生かした様々な形があるので，容器の形をそのまま生かして造形に組み込んだりします。工作ばさみが使えるペットボトルなどの素材は「切る」「接合する」というアプローチにより，組んだ形が展開されます。板材は，主に高学年以上で使われ，教師の提示するアプローチと，専用カッター，ニクロム線・ヒーターなどの工具や技術を必要とします。

この素材の大きな特質である透明性も，アプローチの可能性を広げます。

薄い塩ビシートは，花や葉をはさみ込んで，教室の入口などに飾ることができます。

材系図

ビニル
▶p.94

- 袋
  - ビニル袋・レジ袋
  - カラービニル袋
- シート
  - ビニルシート
  - 厚手ビニルシート
  - プチプチマット

ペットボトル
▶p.96

- ペットボトル

プラスチック
▶p.96

- PP食器
- プラスチック製品
- PPボックス
- 水道パイプ

アクリル・塩ビ・スチロール
▶p.98

- アクリル板
- 塩ビ板
- スチレンボード
- 発泡スチロール

スポンジ
▶p.99

- ポリエチレンスポンジ
- ウレタンスポンジ

ビニル

造形活動で一番活用されるのは、ビニルの各種袋です。透過性の高い袋には、ものを入れたり、水を入れたりして、様々な遊びや造形活動が展開します。また、カラフルなビニルを身にまとうなどの活動にも広がります。

化成材……ビニル

袋状のビニル
ビニル袋・レジ袋

ビニル袋…無色透明 ● 入れるもの（パン・野菜など）によって様々な形状のものがある
レジ袋…多様な形状 ● 乳白色系から単色、柄つきのもの、銀色もある
ビニル袋へのアプローチマップ ▶ p.101

ビニル袋 **体全体でかかわる**…水を詰めて、運ぶ、流す、水に座る、穴をあけるなどして遊ぶ。

詰める…紙工作などを透明袋に入れて、丈夫な持ち手をつける。
題材 おみやげカメラ（中学年）

レジ袋 **詰める・つける**…薄紙などを詰めて、手で形をつくり、形をテープで固定する。
題材 レジーちゃん（低学年）

色のついた大きい袋状のビニル
カラービニル袋

幅65×縦80cm程度 ● 多様な色がある ● 透明のものと不透明のものがある

切る・貼る…透明カラー系の各色を解体してパーツをつくり、透明ビニル地にコラージュする。木枠やフラフープなどに固定して、光を通す場に飾る。
題材 どこてもステンドグラス（中学年）▶ p.100

まとう…袋を身にまとうように加工して、ドレスをつくる。

シート状のビニル
ビニルシート

幅1.8m程度の巻状 ● 薄いものはビニルハウス用に使用する ● 半透明、不透明のものがある ● 塗装作業に使用する養生シートもある

はさむ…2枚のシートの間に、お花紙、木の草花などテーマを決めてはさみ、校舎内の光が当たる場に吊り下げる。
題材 さくらカーテン（高学年）

張る…校庭、樹下、遊具などにPPロープを巡らせ、養生シートを固定する。風にサラサラ、陽にキラキラ。
題材 光のカーテン（中・高学年〜中学生）

…収集材　…購入材

厚さ0.5~1mm程度のビニル地
厚手ビニルシート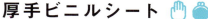

多様な色，柄つきのものがある ● 大きく丸めたり，曲げると生まれる曲面やくぼみが面白い

活動の展開

つなぎ合わせる…はさみで切って，形や色を考えながら，セロハンテープで重ねていく。
題材 ビニル・パッチワーク（中学年）

立ち上げる…50cm角程度に切り，手で曲げたり，くぼみをつけたり，留めたりしながら形を立ち上げる。
題材 ビニル・オブジェ（高学年）

小さな玉状のエアクッションがついた，ビニル製のマット
プチプチマット

弾力がある ● 厚みがある ● 半透明 ● 巻状でも販売されている ［幅90~120cm程度］

活動の展開

包む…エアクッションを生かして，破損しやすいもの・傷つきやすいものなどを包み，保護する。

つぶす…エアの入っている玉をプチプチつぶして，遊ぶ。

巻く・縛る…巻いたり，縛ったりして，工作材に活用する。

透かす…光に当てて，見え方を楽しむ。

ビニル材を接合するときは

ビニル材の接合には，接着剤は使いません。いろいろな接合を，そのまま形づくりに生かすことができます。

セロハンテープ	ひも	結ぶ	ワイヤー＋テープ
ビニル材とセロハンテープは相性がよく，効率的な接合ができます	ビニル袋などの先をひもで縛ります。二つだけでなく，複数をつなげていくこともできます	ビニル材同士をそのまま結んでしまいます。結び目だんごはアクセントになります	ワイヤーにセロハンテープで貼っていきます

化成材 ビニル

ペットボトル・プラスチック

ペットボトルは，多様な形状のものが収集材として入手できます。透明容器の活用は多様なアプローチによって，また状況や季節によって広がります。プラスチック製品は，成形された様々な形を生かした造形が展開されます。

化成材……ペットボトル・プラスチック

飲料水などが入っている，ポリプロピレン製の容器

ペットボトル

180cc～2ℓ，持ち手のついた4ℓの大きなものまで，多様な形状がある ● 蓋つき ● 工作ばさみで解体できる ● 液体を入れたり，水に浮かべたりすることができる

ペットボトルへのアプローチマップ ▶p.103

活動の展開

入れる…色水をつくって詰め，外光に並べる。
　題材 色水あそび（低学年）

…ボトルに水を入れて，撒く。
　題材 校庭に水で描く（中・高学年）

水に浮かべる…ボトルを密封してつなげ，プールなどに浮かべる。
　題材 浮かぶかたち（中・高学年）

…ボトルを半分に切り，浮かべたり，水を入れたりする。

切る…ボトルをカットして，工作ばさみでパーツを切り出し，構成する。
　題材 ペットボトル・オブジェ（高学年）▶p.102

成形しやすい樹脂でできた簡易食器類

PP食器

硬い ● 弁当箱類（透明の蓋も活用）やコップ，皿類など何かを入れる形 ● スプーン，フォーク類もある

活動の展開

パーツにする…スプーン，フォーク類を立体コラージュなどのパーツに使う。

入れる…弁当箱の仕切りを生かして，様々な素材を詰め込み，構成する。
　題材 素材の弁当箱（高学年～中学生）

…弁当箱をハウスに見立てて，色紙で内部の造形をする。
　題材 ランチ・デ・ハウス（低学年）▶p.104

成形された様々なプラスチック製品

プラスチック製品

硬くて丈夫 ● 薄いものは工作ばさみで切れる ● 多様な色 ● 様々な用途の生活用品がある（台所，風呂用品など）● ドリルで穴をあけ，ワイヤーで固定ができる

活動の展開

パーツにする…屋外造形オブジェのパーツとして活用する。

…打楽器づくりのパーツに活用する。
　題材 がらくたパーカッション・セット（中学年）▶p.112

水に浮かべる…グループで様々なプラスチック用品をアルミ線で連結し，プールに浮かべる。
　題材 フロート・アート・オブジェ（高学年）

透明な箱状の容器
PPボックス

平箱，立方体，円柱など様々な形がある ● 大きさも多様にある ● 折りたたみ式から組み立ててあるものまである

活動の展開 　**入れる**…ボックスの形状に合わせて，いろいろな素材（厚紙，布，アルミ線）を中に入れる。
　　　　　　題材 クリアボックス・コラージュ（高学年～中学生）
　　　　　　…つくった立体作品を，ボックスに入れて展示する。

水道用パイプ
水道パイプ

直径1.8cm程度 ● 専用パイプカッターで切断（教師が切る）● 連結したり，分岐したり，止めたりする同素材のパーツがある（エルボ，ソケット，チューブ）● 水道と連結できる（ビニルテープで補強が必要）

活動の展開 　**つなぐ・組み合わせる**…校庭で，穴あきパイプを連結構成して水道とつなぎ，噴水やシャワーをつくって遊ぶ。
　　　　　　題材 ウォーター・パラダイス（中学年）▶p.130

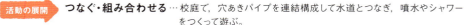

ペットボトル・プラスチックの生かし方

ペットボトル・プラスチック材には，多様な形があります。どう生かすかのポイントは，「工作ばさみで切れるか」どうかを基準に考えます。解体して使うか，そのままの形を生かすかは，素材と製作意図から判断します。

ペットボトル		PP食器		プラスチック		PPボックス	
解体	そのまま	解体	そのまま	解体	そのまま	解体	そのまま
◎	◎	○	○	△	◎	×	○
・水などを入れる造形に，そのまま活用する ・解体は半分程度から，細断まで幅がある		・形そのものを見立てて活用する ・元の形が残る程度にカットして，パーツに使う		・刃が立たないものや形の面白いものはそのまま使う ・軟らかなものはカットして，形や色を生かす		・容器としての用途をそのまま造形に使う ・カットすると，よさが失われてしまう	

アクリル・塩ビ・スチロール

それぞれの原材料によって硬軟があり，厚みもそれぞれです。材質により切断や変形の仕方に違いがあるため，加工にはそれぞれ専用の工具，接合材を使います。

化成材……アクリル・塩ビ・スチロール

透明の板／片面がミラー状になった板

アクリル板・塩ビ板・ミラー塩ビ板

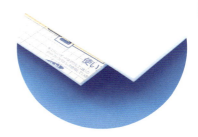

アクリル板…1.5〜5mm厚程度の硬い透明の板 ● 多様な色がある ● 専用のカッターで筋をつけて割る ● 専用樹脂で接着する ● 専用ヒーターで曲げる

塩ビ板…0.4mm厚程度の薄く軟らかい透明の板 ● 工作ばさみで切れる ● 片面ミラー処理などの加工板もある

▶ **活動の展開**　**切る・つける**…カラーアクリル板をカットして，接合し，構成する。
　　題材 アクリル・デザイン構成（高学年〜中学生）

　はさむ…透明アクリル板2枚の間にものをはさみ，立てて鑑賞する。
　　題材 さくらだより（高学年〜中学生／桜の花びらをはさむ）

　曲げる…ミラー加工の塩ビ板を曲げて木枠に固定し，歪曲した映り具合を楽しむ。

白いスチロールの板

スチレンボード

スチレン版画板…3mm厚程度 ● へらなどを押しつけて跡をつける
スチレンボード…1〜7mm厚程度の硬質なスチレン板 ● 片面粘着になっているものもある

▶ **活動の展開**　**凹ませる**…版画用スチレンを多様な用具で跡をつけ，版画インキをつけて刷る。
　　題材 スチレン型押し版画（低学年）

　切る…スチレンボードをカッターで加工して，白い面の構成をする。
　　題材 ホワイトボードアート（高学年〜高校生）

　面を生かす…接着面ボードを活用して，紙や布を貼って展示ボードにしたり，コラージュのベース材にしたりする。

気泡を含ませて成型したポリスチレン

発泡スチロール

用途によって，多様な形状がある ● 軽く，手でも折れるが，ニクロム線の熱で溶かして切断する ● 専用の接着剤がある

▶ **活動の展開**　**断つ**…一般的には，断熱材，防音材として使用される。

　切る・組み合わせる…ニクロム線の専用カッターで切り，組み合わせて造形物をつくる。
　　*加工中，ぼろぼろと細かいスチロールが出るため，処理をしっかりすること

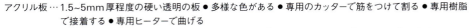

…収集材　…購入材

スポンジ

縮めたり，ねじったり，その感触と変形の様子が面白い素材です。造形も，ときには頭で考えるより，触りながら変容する形に導かれるまま，委ねるままにつくってみるのも愉快です。つくることは，見つけることですから。

ポリエチレンでできたスポンジ

スポンジ

いろいろな向きから力を加えると面白い形に変形する ● ひもなどで縛ると，食い込みと周りの突出部分との対比が面白い ● はさみやカッターで切る ● 接合はGクリアが適する

活動の展開 **切る・縛る・つける**…手の中で変形したり，切り込んだり，縛ったり，接合したりする。
　　　　　題材　スポンジから生まれた生命体 スッポンじいさん（中学年）

積む…カットしたスポンジを積み木のように積んでみる。
　　　　　題材　スポンジの積み木（高学年）

スタンピングする…四角にカットしたスポンジに，絵の具をつけてスタンピングに活用する。
　　　　　題材　ペタンペタン・ハウス（中学年）

ウレタン樹脂でつくられたスポンジ

ウレタンスポンジ

1cm厚程度の薄いものから厚いものまで，様々な形状がある ● 様々な色がある

活動の展開 **切る・丸める・縛る**…広めのウレタンに切込みを入れたり，丸めたり，縛ったりして，アルミ線の台座につける。
　　　　　題材　ウレタン・オブジェ（高学年～中学生）▶p.105

…ウレタンを30cm角程度の合板に釘打ちしたり，釘でアルミ線を留めたりする。
　　　　　題材　ウレタン・レリーフ（高学年～中学生）

化成材を切るときは

化成材を加工するには，それぞれの素材の硬さに合わせた用具を使います。

アクリル板	発泡スチロール	水道パイプ	ペットボトル
×	×	×	×
アクリルカッター	ニクロム線	パイプカッター	工作ばさみ

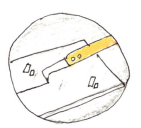   

化成材……スポンジ

学年	時間	活動	場所	
中	2	グループ（3人）	図工室	完成したら屋外または校舎内に設置する

ビニルを使った造形活動

どこでもステンドグラス

カラービニル袋を解体して枠に貼ったステンドグラスをつくり，光の効果を考えた場所を選んで設置する。

ねらい 透過する色のイメージをもちながら，色や形の組み合わせを考えて構成していく。

素材 カラービニル袋，透明ビニルシート（ベース用），木枠（フラフープなど，枠になっているものを活用してもよい）
＋セロハンテープ

提示
- はじめに設置場所例を示し，どんな形の枠にするか考えさせる。
- カラービニル素材は，使いやすいように自分たちで整理工夫させる。

流れ

① 図工室で，グループ会議をする。設置場所を決めるグループ，形態や素材を決めるグループ，ビニル袋を解体するグループ…と，いろいろなやり方で進める

② 枠づくりをする。ヌキ板を縦に半分に切った半ヌキ板でつくるが，フラフープなど最初から枠になっているものを使ってもよい。

③ ベースとなる透明ビニルシートを張る。ビニルは枠よりも大きめで，厚手のものを使う。

④ 色ビニルをセロテープで留めていき，ステンドグラスをつくる。

⑤ 自分たちで効果的な場所を探して設置する。
※高所などに設置する場合は大人が行う

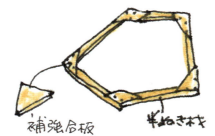

提示 を変えると

あちこちステンドグラス
幅広の薄い塩ビ板を円柱にし，外側から色ビニルで装飾します。移動可能なよさを生かして，いろいろな場所での見え方を楽しみます。光が当たる校舎のあちこちに，ポールが「おでまし」します。

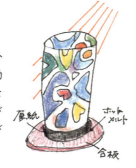

題材のつながり

「光もの」工作の構造をもつ
光源によって，その造形が大きく異なりますので，それぞれの可能性を探ることが大切です。

光源　太陽：屋外または窓への設置
　　　大電灯（作業灯）：体育館でのグループ造形
　　　小電灯（LED）：個人製作の造形を生かす

| 高 学年 | 2 時間 | 個人 活動 | 図工室 場所 | LEDを当てるときは暗い教室へ |

ペットボトルを使った造形活動

2 ペットボトル・オブジェ

ペットボトルを切ったり，接合したりして，クリスタル調のオブジェをつくる。

ねらい 色の組み合わせを感じながら作品をつくり，完成した作品を自分たちで決めた場所に設置する。

素材 2ℓ程度の透明ペットボトル×2，ビー玉　＋LEDライト，工作ばさみ，ホチキス，セロハンテープ

提示 ペットボトルの透明さを生かすために，あえてこの課題では色セロハンや他の素材は使わず，重りとしてビー玉のみを提示する。

流れ

① ペットボトルを加工して，クリスタルな形をつくることを知る。

② ペットボトルの1本を，半分くらいのところで横に切り込みを入れ，オブジェの土台とする。

③ もう1本のペットボトルを切って，オブジェを構成するパーツを取る。

④ 土台のペットボトルに，③のパーツを入れたり，外側に接合したりして，クリスタル調のオブジェをつくる。

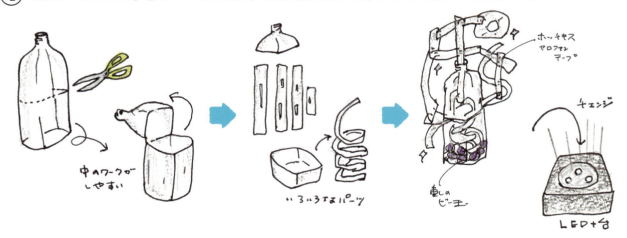

提示 を変えると

LEDを使わない

LEDを使わなくても活動できます。色素材をあえて制限することによって，パーツのクリスタルの形や，その交錯に着目させることができます。「限ることによって，深さが見つかること」。これも，素材提示の大切な要素です。

題材のよみとり

アプローチの多様さを意識する

ペットボトルには，すぐに水を入れたくなるところですが，ここはもっとワイドな目でアプローチを考えることが大切です。1本は半分に切り，「詰めものがしやすい容器」に，もう1本は細断し，ボトルの内外をめぐるクリスタル素材にします。事前に教師が行う素材へのアプローチと発見が重要です。

| 低学年 | 2時間 | 個人活動 | 教室，図工室 場所 |

プラスチックを使った造形活動

3 ランチ・デ・ハウス

仕切りのあるPP弁当箱を住宅に見立て，住人や部屋の情景を色画用紙でつくる。

- **ねらい** 弁当箱をハウスに見立て，紙などで住人や部屋の様子などを工夫しながらつくる。
- **素材** PP弁当箱，木材，色画用紙（カラードフォルム），シール，マスキングテープ ＋はさみ，接着剤
- **提示** 弁当箱を手に持たせて，立ててハウスに見立てることを伝え，子どものイメージの変換を図る。

流れ

① 弁当箱の縦・横を選び，木材にガンタッカーで固定して，「建てる」。
※縦・横を子どもに聞きながら，ガンタッカーは教師が扱う

② 「建てた」ハウスの「各部屋」の住人や情景を，色画用紙で形や色を工夫しながらつくる。

③ ハウスに住人を住まわせたり，部屋に家具を置いたり，おしゃれにしたりしていく。
仕上げにマスキングテープやシールを使ってもよい。

参考作品

素材を変えると

紙バンドを使う

中学年の子どもには，黒の紙バンドを提示します。平面的なハウスの断面から，自由なバンドの接合により，立体的なハウスが生まれます。

題材 バンドハウス（中学年）

 題材のよみとり

着想の転換がポイント

弁当箱を渡すと，子どもは自然と「ランチボックス」をつくるでしょう。この題材では，外枠を意識させ，おかず入れの空間が部屋になる「見方の転換」を素材と一緒に提示します。

| 高〜高校生 学年 | 2 時間 | 個人 活動 | 図工・美術室 場所 |

スポンジを使った造形活動

4 ウレタン・オブジェ

平面ウレタンを，その風合いを生かしながら立体化する。

- **ねらい** 柔らかなウレタンが変形する美しさ，面白さを見つけながら，オブジェにする。
- **素材** 1cm厚×50cm角の平面状のウレタン1人1枚　＋接着剤，ひも，展示のための素材
- **提示** ウレタン，その他のフォルムを固定するのための材料は，必要に応じて使えるようにまとめて置いておく。

流れ

① ウレタンを手にして，様々な，面白い曲面やくぼみが生まれることを見つけながら，自分のオブジェ全体のフォルムを探索していく。探索中の仮固定として，ひもなどを活用する。接着剤はまだ使用しない。

② おおよそのフォルムが決まったら，部分固定の材料（ひも・接着剤）を選び，留めていきながら，全体のオブジェをつくり上げる。

③ オブジェの上下，正面を選び，見せたい様態を保持するために，木の台面をベースにして固定の仕方を工夫する。素材ならではの浮遊感を見せるために，太めのアルミ針金などの活用も考える。

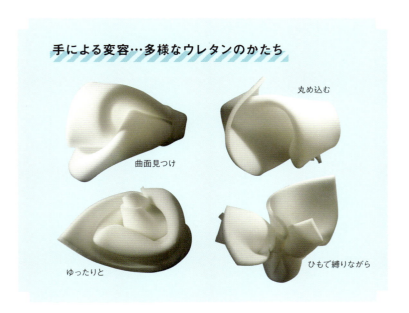

手による変容…多様なウレタンのかたち

丸め込む／曲面見つけ／ゆったりと／ひもで縛りながら

素材 を変えると

適材ということ

実は素材の形状を変えたら，この題材はだめでしょう。それはきっとご自分でこの素材を手にしてみるとおわかりになります。細かいウレタンはもちろんのこと，大きすぎても厚すぎても，ウレタンの素材よさを引き出せません。素材提供にはその形状が重要になることを，この適材とアプローチが示しています。

題材のよみとり

題名をつけない

ウレタン素材の特質は，シンプルなアプローチとともにその変容の形も示唆しているようです。ここでは，ウレタンを切ったりつけたりする具象表現はしません。これは抽象オブジェというより，手から生まれた「もう一つのウレタンのかたち」なのです。ですから，この作品に題名はつけません。

column
主材料と副材料

造形活動は，その活動のために「揃えられた素材」の形状，量，さらにその「素材の提示の仕方」によって，大きく左右されます。ここでは，その「提示の仕方」について，さらに考えていきます。

子どもたちが，素材を見ながら，選びながら，材料を獲得するという経緯を見定め，いかにそれらの素材を選びやすく「陳列」するかについては，すでにその大切さを幾度か言及してきました。

ここでは，その「揃え方」には違いありませんが，特に「素材提示の内容やタイミング」を考えてみます。

A 主材料

まずは「これで，つくりましょう」と提示された素材です。「一枚の板から」なら，一枚の板。お好み焼きの粘土なら粘土の塊。

それは，一つの素材であります。その素材から，子どもは構想を練り，造形のための材料を獲ります。これを「主材料」と呼びます。提示された素材によって，その素材を造形に生かすために，様々なアプローチを考え，より有効な方法を決めて，造形が進みます。活動の半ばで，接合するための釘や接着剤などを用いても，それらは素材の範疇には入れません。「一枚の板から」であるなら，板材一枚が主材料であり，この板材のみで造形をしていくことから，「限定材」とも言えます。

「限定材」は，材料の量や形状の限定を指しますが，「一枚の板」に限定することで，「この中で考え，これを生かして創り上げること」という付帯条件が課題に添えられることでもあります。

限定材の一番のねらいは，素材へのアプローチや，構成思考の集約化であります。平たく言及するなら「他の素材のことを考えず，まずこの限られた素材に集中してみましょうよ」という提示でもあります。

これは，「素材は何でも使っていいですよ」という課題提示とは大きく違います。「何でも」ではなく「これで」という限定の中で，製作する者の意識や思考を「その材」に向け，その造形活動の「深まり」を図るものであります。

焼き物の粘土なども，「いくらでも使っていいよ」では，現実的な問題として，焼成時にアクシデントを招きかねません。焼き物彫塑表現は，限られた土の量でつくりたいものを見つける，工夫しながらの形づくりなのです。

B 副材料（つけ足し材）

副材料は，あくまでも二次的な材料提示です。主材料による造形を進める中で，「主材料の他に有効な素材があれば，それを活用できますよ」という，主材料を基盤とした緩和策です。

「一枚の板から」の活動で見ると，箱の中に「引き出し」をつくりたいという製作者自らのニーズによって，内箱をつくるためにシナベニヤ材を使ったり，持ち手につけたい「角材」を活用したりすることです。これらの主材料の造形を補充するために用いられる材を「副材料」と呼びます。または主材料につけ加えるための「つけ足し材」でもあります。

では，箱の蓋を開閉するために用いる蝶番は？　と問われると，これは別途「雑材料」などと呼びます。あくまでも，副材料や雑材料は，「一枚の板」の導入，つまり最初のガイダンス時に，その活用法も含めた情報として提示しておかなければなりません。

この提示は，木工作の全体を考え，これからの見通しを抱く上で，つまり創造回路に組み込むための大切な情報であります。しかし，その活用や請求のタイミングは，必ず製作者本人の判断に任せるものとします。もちろん，いろいろ素材が並んでも，「私の作品には使わない」という，自己限定も大切な判断です。

造形素材の提示には「限定」とは違う「二種主材料」や，「ミクストメディア」なる，混合素材活用もあります。いずれにしろ，限定する意味と，素材の連関を造形に取り入れる複合提示の意味とを，子どものアプローチを見据えながら考え，ねらいを明確にして造形計画に位置づけるべきです。

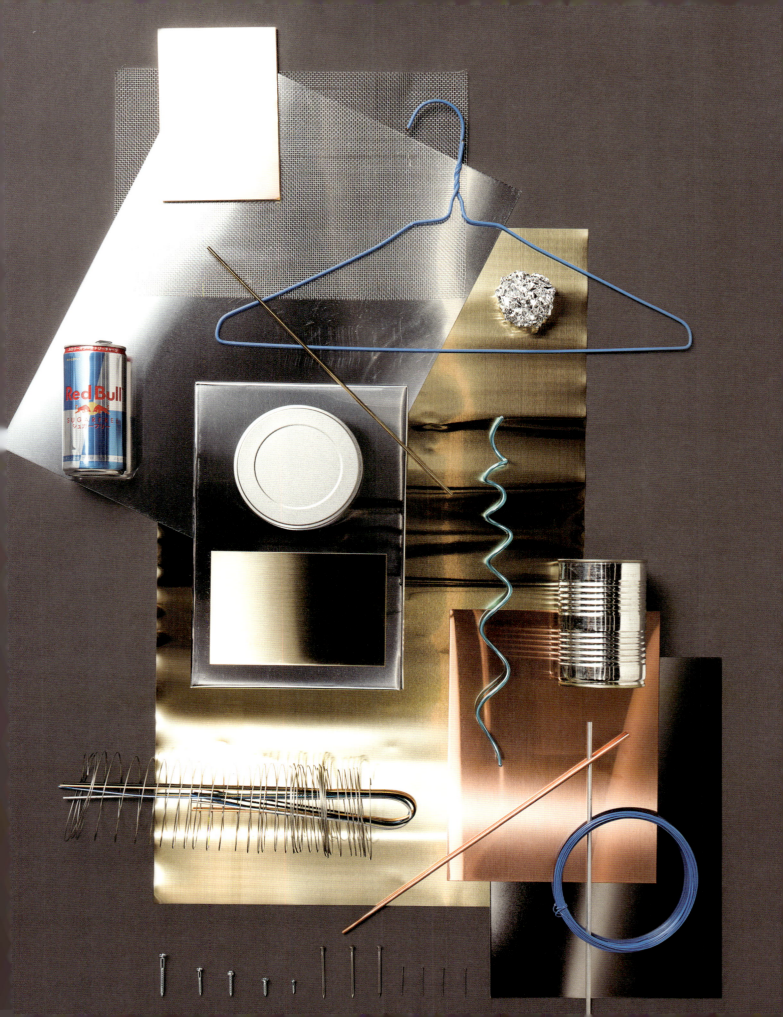

金属

材系図

ワイヤー・針金
▶ p.110

- スチール線・ハンガー線
- アルミ線
- ビニル線
- 細ワイヤー

その他の金属材
▶ p.111

- スチール材
  - 缶
  - 釘・ねじ
  - ボルト・ナット
  - ブリキ板
- アルミ材
  - 缶
  - 板
  - アルミホイル
- 銅
  - 板
  - 棒
- 真鍮
  - 板
  - 棒

子どもが最初に出会う金属材は，実は素材でなく工具の「はさみ」です。それを手にして，金属の冷たさと，危なさを感じつつも，これからはじまる図工の楽しさを子ども自身が切りひらきます。

生活の中で出会う金属は，ジュースなどの缶類でしょう。スチロール缶やアルミ缶を手にしたり，へこませたりして，その硬さの違いを身体で覚えた子もいるかも知れません。この缶類への子どものアプローチは，そのような身体による変形です。やがて，教師の提示する工作ばさみによって，缶は切られ，解体され，そこからホチキスでも接合できる，ごく薄い金属板を得ることになります。

次に出会う金属材は「針金」です。結束を用途とする針金ですが，図工・美術では線材としての針金によさを見つけます。アルミ線など，太くても軟らかな金属線材が，空間に様々な存在を出現させます。鉄板の上に置き，金槌で打ちつけて平らにして，金工の真似ごともできます。

金属板材は，主に中学校や高校の美術の中で，レリーフ制作などに使用されます。

ワイヤー・針金

材質によって，硬軟，色の違いがあります。未加工の線は，金属材のもつ質感を感じさせます。実用的には，ものの結束や芯材に使います。造形的には，線そのものや，複数材の交錯の美しさをアプローチとともに生かします。

鉄の線材
スチール線・ハンガー線

一般的な太さは0.3〜4mmΦ程度 ● 非常に硬い ● 錆びやすく，強く縛りすぎると切れる ● ペンチやワイヤーカッターで切り，ラジオペンチで細かい加工をする ● よじって接合する

活動の展開
- **固定する**…太さを考え，木材の結束に活用する（足場〜細材まで）。
- **成形する**…ゴム鉄砲や三輪車まで，好きな形をつくる。
- **つなぐ**…ハンガー針金の強度を生かして，モーターに連結させてクランクに活用する。
  - **題材** チャレンジ・ティンゲリー（高学年）
  - ＊ワイヤー作業では，針金を弾いて眼を傷つけることが一番危険。事前に適度な長さにカットして小さな輪状にまとめ，さらに両端も丸めて，安全に作業を進める配慮が必要

アルミでできた軟らかい線材
アルミ線

一般的な太さは1〜4mmΦ程度 ● ペンチで切り，ラジオペンチで細かい加工ができる ● よじって接合する ● 白色と黒色がある

活動の展開
- **組む・立ち上げる**…1.5mm程度のアルミ線で，タワーを組む。
  - **題材** ワイヤー・アワー（高学年〜中学生）
- …1.5mm程度の短かめのアルミ線を組み，接合しながら立ち上げる。
  - **題材** ワイヤー・ビルド（高学年〜中学生） ▶p.113
- **パーツにする・束ねる**…立体表現のパーツ材，結束線として活用する。

アルミ線をビニルコーティングした線材
ビニル線

多様な太さがあり，手やペンチで曲げることができる ● 様々な色があり，アクセントにもなる

活動の展開
- **組む**…ワイヤークラフトとして「かご」などの実用品をつくる。
- …ワイヤーアートとして，「カメラ」「樹木」などをつくる。

着色された細い線材
細ワイヤー

太さの異なるカラーワイヤー（0.2mmΦ〜）とリースワイヤー（0.6mmΦ〜）がある ● 様々な色がある

活動の展開
- **パーツにする**…ワイヤーアートにつけ足すアクセント・ワイヤーとして活用。
- …ビーズクラフトのワイヤーとして活用。
- **構成する**…釘とワイヤーを使って，台座にワイヤーを固定しながら構成する。

その他の金属材

ジュース缶なども，金属材です。かつてはほとんどがスチールでしたが，現在はアルミが優勢のようです。東南アジアのおみやげにもアルミビール缶から生まれたバイクがあったりします。ここには，板材や棒材，超薄アルミホイルまで含めます。

主材料が鉄でできている缶や板

スチール材

様々な形状 ● 大きさのものがある（飲料水の入った缶／業務用食料品などが入った大きめの缶／お菓子などが入っていた四角い蓋つきの缶／ボルト・ナット，釘，ねじ類）● 購入材として，ブリキ板がある

▶ **活動の展開**

蹴る・乗る・叩く … 缶けり，ぽっくり缶など，缶を使って遊ぶ。
… スチールの缶や箱を叩いて楽器にする。打つ棒なども金属を使う。
　題材 がらくたパーカッション・セット（中学年）▶p.112

切る・つける … スチール缶を金切りばさみで解体して，金属工具やリベット，半田づけなどで形をつくる。
　題材 鉄工作（高学年～高校生）

主材料がアルミでできている缶や板

アルミ材

様々な形状 ● 大きさのものがある（ジュース缶サイズから，ロングビール缶サイズ，缶詰サイズ）● 工作はさみで切れる ● 購入材として板材（0.5～1.5mm厚程度が扱いやすい）がある

▶ **活動の展開**

切る・打ちつける … 缶を解体して，板・上下の蓋・底部を釘で合板に打ちつけ，レリーフにする。つけ足し材として，ワイヤー，他の金属を使う。
　題材 打ちつけ金属レリーフ（高学年～中学生）

接合する … 板にポンチで穴をあけ，リベットやアルミ線で板同士を接合する。
　題材 アルミナーナ（高学年～中学生）

押しつける … へらなどを押しつけて，浮き出しのレリーフをつくる。

薄いアルミを巻いたもの

アルミホイル

多様な幅や長さがある（幅20cm×長さ30mなど）● アルミホイルの容器やコップもある

▶ **活動の展開**

型取り遊びをする … 顔，腕，身体部分などホイルで型取り遊びをする。
　題材 アルミ・コピー（中・高学年）

巻きつける … アルミ針金の芯材にアルミホイルを巻きつけて形をつくる。
　題材 キラキラタワー（低・中学年）

主材料が銅／真鍮でできている棒や板

銅・真鍮

板状のものは0.3～5mm厚を使うことが多い ● 打ち出しができる ● 接合は半田づけ，リベット接合で行う ● 丸棒（2mmΦ～）もある

▶ **活動の展開**

切る・叩く・曲げる・つける … 銅板切ったり，叩いたり，曲げたり，半田づけしたりする。
　題材 銅彫刻 — 銅のオブジェ，レリーフ（中学生～高校生）

彫る … 電動工具のルーターで名前を彫り，作品に釘で打ちつける。
　例：完成作品につける銘板

※金属材の加工全般には，手袋やゴーグルなどを着用させ，安全に十分留意すること

| 中学年 | 4時間 | 個人活動 | 図工室場所 | 演奏は演奏会場として別の広いスペースを用意するとよい |

金属を使った造形活動

1 がらくたパーカッション・セット

いろいろな素材を組み合わせて自分のパーカッション・セットをつくり，合奏やソロを織りまぜて演奏会をする。

ねらい 素材を工夫しながら組み合わせたり，設置したりしながら，パーカッション・セットをつくる。

素材 音の出そうな金属系素材（事前に集めておく），プラスチック容器
＋セットの起点となるイス（1人1脚），接合材（ビニルテープ，結束材），支持材としての木材（垂木など）

提示
・大きなプラ波板などは，試しやすいように切っておく。
・素材コーナーを広めに取り，子どもが音を出しながら選べるようにする。

流れ

① 自分の家庭で集めた音の出る素材と，教師が集めた素材をコーナーに並べる。
収集材：不用な台所用品（鍋，フライパン，スプーンなどの金属食器など），ブリキの空き缶，空き箱など
購入材：プラ波板，玩具楽器，洗たく用品など
在庫材：垂木角材，竹（門松再利用，細竹）など

② 図工室のイスを逆さにして，木材や竹をテープやワイヤーで固定してセットの基盤をつくり，選んだ音の出る材料をそこに固定していく。

③ 音を出しながら，場所や素材を調整し，自分のパーカッション・セットをつくり上げる。

④ ソロや合奏で，演奏会をする。

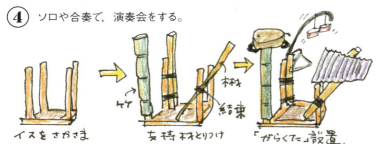

足立区ギャラクシティでのワークショップ

提示 を変えると

スケールを変える
手で持てるサイズの簡単パーカッションの活動にすると，組み合わせの要素が少ない分扱いやすくなるので，低学年向きの活動になります。ただし，手に持てるサイズであれ，いくつかの音を組み合わせるようにしたいものです。

題材のよみとり

形の面白さにも気づく
どうつけたら，いい音が出やすいかを基準に，様々なものを支えにしながら全体をつくっていきます。音の組み合わせとともに，その全体の形の面白さにも気づかせながら活動を進めるとよいでしょう。音と形の総合アートですから。

| 高学年 | 2-4 時間 | 個人 活動 | 図工室，教室 場所 |

ワイヤー・針金を使った造形活動

2 ワイヤー・ビルド

ワイヤーを曲げたパーツを組み込み，構成を考えながら全体を立ち上げて（ビルドして）いく。

ねらい ワイヤーの線材を立ち上げるように組み，線の構成を意識したオブジェをつくる。

素材 アルミ線（1.0~1.5mmφ・白色，黒色），エナメル線　＋ペンチ，ラジオペンチ

提示
- パーツの線は5~6cm程度の長さのものから始めることで，全体の形をイメージしやすくなる。
- 安全に使いこなせるように，ワイヤーは長いままではなく，30cm程度に切って巻状で提供する。

流れ

① ワイヤーのパーツを組みながら構成していく活動全体を把握して，パーツづくりの見通しをもつ。

② ワイヤーのパーツをつくりながら，それを接合し，立ち上げていく。

③ ワイヤーの構築全体像をイメージしながら，ビルドする。

④ 効果を考えながら，エナメル線など，感じの異なる細い線材を活用するかどうか決める。

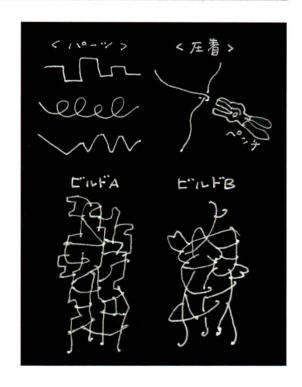

「もう一つのワイヤービルド」

相模原市桜台小学校6年生の作品

クラスの子どもは先生の言う通りに「ビルド（建たせる）」したのに，この子だけ横に広げるようにビルドしました。でも，このワイヤーの動きと連なりがとても美しい。素材のもつよさを十分に引き出している名作です。

提示を変えると

「タワー」ではなく，なぜ「ビルド」？

「タワー」というと，高さや先端の造形に意識が偏ってしまいそうです。ワイヤーの多様な線（もちろん直線を含め）のパーツで，土台から「建てていく」という造形，その高さまでの構成を感じ取り，考えてほしいという意図があります。

題材のよみとり

つくりたいものもワイヤーでつくる

素材ならではの，「つくられる形」があります。針金の造形は空間に線画を描くように，素材が先行しやすいものです。簡単に曲がる針金の豊かな線や形を見つけ，それを全体の造形に引き入れ，針金ならではの形をつくります。対象のリアルさより，針金だけがもつ軽妙さを生かします。

column
造形活動題材名ものがたり

たくさんの造形を子どもたちと展開してきました。回顧する暇もなく，今でも月に数度「足立の街の図工室」と「御殿山にある通信高校の特別美術」を担当しておりますので，未だ「現役」を自負しています。ですから，頭には「次の図工と美術，何やろうか」とか，ものを見たら「これ，何かに使えそう」という「図工癖」が抜けません。そしてもう一つ，頭をよぎるものがあります。それは，造形活動それぞれに冠した個々の「題材名」です。

- ◆「おう！イタリアン」〈ヌキ板を顔にして，立たせる〉
- ◆「切れのいい顔」〈きれ（布）マスクコラージュ〉
- ◆「センチメートルマスク」〈定規で線を引くマスク〉
- ◆「ガムガム虫」〈ガムテープ未知生物体コラージュ〉
- ◆「とびたい飛行機」〈「飛びたい」飛行物体をつくる〉
- ◆「お好み焼き」〈好きなものをつくり，焼き物にする〉
- ◆「スペース風 草月流」〈空中に吊るす薄板材の生け花〉
- ◆「遊星からのX」〈点描で描く未知星人〉

編み出された造形活動につけた題材名がこうして次々と，記憶遺跡のごとく出てまいります。

子どもの興味・関心を引き出す題材名

まず，図工・美術の授業の中で「題材名」はどう活用されているのか，考えてみましょう。研究授業などで素敵な題材名を指導案に見ても，実際の授業では一切その題材名が出てこなかった，好きな役者が通行人にも現れない映画を観る思いをしたことがありました。もっと，この題材名のあり方を考えつつ，それを有効に使ってはどうかと思うのです。
造形活動の題材名はいろいろあります。

① 活動自体をずばり言い表す題材名
「鬼を描く」「一枚の板から」「屋上からの風景」「春のカメラマン」
② 素材からの題材名
「クリスタル・タワー」「スッポンじいさん」「くぎ人間」「布のかたち」
③ 行為からの題材名
「ペタンペタンハウス」「ワイヤービルド」

④ 言葉からイメージを広げる題材名
「うそっこカメラ」「恥ずかしくてかぶれない帽子」

題材名は，上記のように（わたしがつけたタイトルで，かなり「個人嗜好」が表れてはおりますが……）多くは活動そのものを圧縮した予告編のようであります。チャレンジする素材に関するものもありました。「洒落たつもり」の言葉をはさんだものもありました。共通する思いとして，これから始まる活動に向けて，子どもたちに「興味・関心」を抱いてもらいたいという意図があります。
ですから題材名は，授業の数週間前に予告として提示されることがあります。「うそっこカメラ」（▶p.41）のタイトルと説明を受け取った子どもたちが，せっせと空き箱を探してきます。タイトル提示は，そのタイトルを子どもたちと共有することです。無用で役に立たないものづくり，でもそれが実に楽しいものだとの思いも，タイトルとともに共有しました。
題材「わたしのイス」（▶p.57）では，授業冒頭に，題材名が板書されます。この「わたし」の言葉は，造形する上での独自性の大切さを，子どもたちと一緒にイスに重ねて探し求めていくことを，その自己決定を，一人ひとりの子どもが手にしていることを確かめるものです。

中には正直，言葉遊びも見られますが，それらを含め，造形のタイトルは大切な造形観であり，活動全般を通して，その造形と一緒にあるべきものだと考えます。
タイトルに，『○○ランド』と名づけた活動がいくつかあります。「Tシャツランド」「おにぎりランド」など。ランドは，造形のアプローチを手渡した後，「みんなに任せます，みんなの自由なランドにしてください」のメッセージが込められています。

題材名は，造形の一つのきっかけです。それは，そのまま作品名ではありません。作品は，手渡された題材名やその活動の中で個々を織り込んで生まれた「我が子」です。作品名は，作者である子ども自身が名づけるものです。

電気・光学機器

材系図

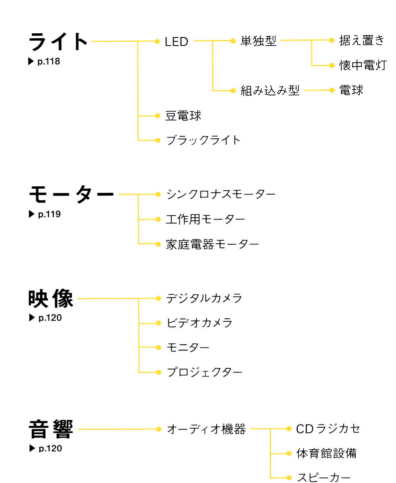

- **ライト** ▶p.118
  - LED
    - 単独型
      - 据え置き
      - 懐中電灯
    - 組み込み型 — 電球
  - 豆電球
  - ブラックライト

- **モーター** ▶p.119
  - シンクロナスモーター
  - 工作用モーター
  - 家庭電器モーター

- **映像** ▶p.120
  - デジタルカメラ
  - ビデオカメラ
  - モニター
  - プロジェクター

- **音響** ▶p.120
  - オーディオ機器
    - CDラジカセ
    - 体育館設備
    - スピーカー

電灯類は，小さなLEDから明るい100Vの作業用ライトまで，いろいろな種類があります。コンパクトなLEDライトは安価で購入でき，個人の「灯りの工作」の光源となります。また，ライトを使うための場の設定も必要です。体育館を暗くして，「灯り」という素材をどう生かすか考え，他の素材と組み合わせたりすることで，様々な造形活動が広がります。

モーター類から生まれる動きは，それ自体を素材として受けとめ，それをどう変形し，どう連動させて新たな動きを生み出すかを子どもに考えさせます。また，動きから音を発生させることもできます。

光学機器は図工・美術の表現媒体として，これからますます活用が広がっていくことが予見されます。特に，デジタル化されたカメラ，ビデオは，PCなどの周辺機器と連動し，その即時性・編集性で新たな表現をひらくことでしょう。

ライト

LEDライトは，超小型で光量も強く，電池も長く持ちます。このライトの光力と携行性を生かして，工作から造形遊び，さらに鑑賞まで，幅広い「ライトアップ」が繰り広げられます。点滅式，多色などの多様なライトを，場や設置方法，照射物などを考慮して選びます。

電気・光学機材……ライト

電池によって光るライト
LED（単独型）

小型球ながら幅広い光量がある ● 多様な形状のものがある（小型懐中電灯／床置きタイプなど） ● 白〜多様な色 ● 点滅電球，色変化球，多球連結，点灯コントロールができるものもある
光源を活用したアプローチマップ ▶ p.123

 光る・照らす … 暗い体育館などで，ライトを光源にしたり，作品を照らしたりする，光とオブジェのアート。
　題材　光の空間づくり（高学年〜高校生）

… 小型LEDを，安定させた台に組み込み，ペットボトルアートなどを上に置き，ライトアップして見る。
　題材　ペットボトル・オブジェ（高学年〜中学生） ▶ p.102

コード配線と電源によって光るライト
LED（組み込み型）

LED電球を単独で購入し，コード，電池box，スイッチなどを使い，製作するものに組み込むために，自分で配線したもの ● 電源，光量，色，色変化，点滅など光らせるための要素が多くある

 光る・照らす … 光を生かす造形作品のために，自家配線する。
　参考：作家・クワクボリョウタ

… 立体オブジェの中に光を取り入れる。
　題材　ボックス＆ライト・アート（高学年〜高校生） ▶ p.122

交流100Vまたは乾電池で光るフィラメント豆電球
豆電球

オレンジ色の光 ● 小さい ● 熱が溜まるので注意が必要 ● 電球ガラスに着色した色球もある ● 模型用の極小の麦球もある ● 多球連結点滅電球もある

 光る … 交流タイプ球・ソケットとともに，動く立体オブジェの中に配線し，多様なスイッチを使い，動きに合わせて点滅させる。
　題材　チャレンジ・ティンゲリー（高学年）

波長の長い紫外線を発するライト
ブラックライト

様々な形態がある（懐中電灯，蛍光灯型）
＊ライトを直接眼に照射したり，長時間鑑賞したりするのは避けること

 **蛍光灯タイプ** **照らす** … 暗室場所に蛍光灯型のブラックライトを設置して，蛍光塗料をオブジェに塗る。
　題材　ぼくの学校にブラックホールがある（高学年）

懐中電灯タイプ **照らす** … 暗室に蛍光オブジェを配置し，鑑賞者がミニブラックライトを手に持ち，照射探索，光の散歩をする。

モーター

モーターは魅力的な動力源です。回転をそのまま活用したり，プーリーやクランクを駆使して低速回転にしたり，上下運動にも転回できます。動きの連動を工夫すると，さらに風や音などの別な力にも変換されます。

交流100V〜の小型低速モーター
シンクロナスモーター

スイッチを含めて設置，配線する ● 毎分回転数が異なる種類のものがある ● モーター回転軸に連結金具を装着して，連動させる

活動の展開

回転させる…モーターを回転台に設置して，回るオブジェの動力に活用する。
　　題材　マッ・ワールド（高学年）

…低速回転を，クランクなどで動きを変換して，立体オブジェの中で活用する。
　　題材　チャレンジ・ティンゲリー（高学年〜中学生）

乾電池で駆動する小型模型用モーター
工作用モーター

通常のものは高速回転であり，ギアボックスなどを必要とする

活動の展開

動かす…動く工作に利用する。
　　例：自動車の車輪，船のスクリュー

音を出す…音の出る工作に利用する。
　　例：ゴムを連結して回転させ，カタカタという音を鳴らす

既製の回転電気製品
家庭電器モーター

回る動きをそのまま活用する（送風機，扇風機，ドライヤーなどの風力／音響プレーヤー，電動ろくろの回転力）● 電化製品を解体して，モーター部分のみを活用する ＊配線，絶縁や回転力などに十分注意する

活動の展開

風力を起こす…扇風機などの風力を利用し，大きめのビニル袋を連結した口から送風して，膨らませたり，動きをつくったりする。
　　題材　風の子太郎（高学年）

…風で動くオブジェの風源として活用する。

回転させる…レコードプレーヤーの回転を利用し，ターンテーブルにアニメーションの円柱を固定し，回す。
　　題材　アニメーション・ゾートロープ（高学年〜高校生）

映像・音響

映像メディアは，様々な機器の活用によって，変換，編集などの二次的な表現が可能です。図工・美術では，表現とともに，記録として映像機器が活用されています。音楽の活用は，造形の延長としての身体表現を効果的に支えます。

電気・光学機材 ……… 映像・音響

静止画，動画撮影のための機器
デジタルカメラ

瞬間を切り取る ● 個人の視点の共有 ● SDカードやPCにデータ保管，管理ができる ● PCによる改造変換，編集ができる

活動の展開　**静止画の撮影**…テーマを決めて撮影したり，つくったものを撮影したりする。
　　題材　顔に見える校舎のある場所（中・高学年〜中学生）
　　題材　緑色コレクション（高学年〜中学生）
…コマ撮りで粘土を動かしながら撮影する。
　　題材　クレイ・アニメーション（高学年〜高校生）

動画撮影のための機器
ビデオカメラ

動画を撮影する ● 個人の視点の共有 ● SDカードに保管ができる ● PCで編集できる ● コマ撮りができる機能がついたものもある

活動の展開　**動画の撮影**…グループで時間やテーマを決めて，自分たちの「映画づくり」をする。
　　題材　3ミニッツ・ムービー（高学年〜高校生）▶p.121
　　題材　風に動くものを探して（高学年〜高校生）

PCと連動させ，映像データを大画面で映写する機器
モニター・プロジェクター

多人数で同時に鑑賞，共有できる ● プロジェクターは作品や身体に重ねて写すことができる

活動の展開　**映す**…造形作品のデータを投影し，多人数で鑑賞する。
　　例：「卒業制作を観る会」などの全校鑑賞

投影する…身につけたファッションに重ねて，投影する。
　　題材　光と音のファッションショー（高学年）

音や音楽を流す機器
オーディオ機器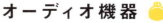

乾電池式CDラジカセ，会場設置の音響システムなどがある

活動の展開　**音楽を流す**…ファッションや，歩くアートなどのウォーキングに音楽を流す。
　　例：新聞紙ドレス・ファッションショー
…展示会場バック音楽
　　例：校内展覧会の会場音楽
＊作品，活動によって，音楽を流さない方がよい場合がある

| 高~高校生 | 2時間 | グループ（3~4人） | 図工・美術室，屋外 |
| 学年 | 時間 | 活動 | 場所 |

カメラを使った造形活動

1 3ミニッツ・ムービー

ビデオカメラを使い，「動きのあるもの」をテーマに3分間の映像をつくる。

ねらい グループでカメラクルーをつくり，テーマに沿った対象を選んで，構成を考えながら撮影する。

素材 ビデオカメラ，動画撮影機能のあるデジタルカメラ（グループ数分）

提示 「動きのあるもの」という共通テーマ，3分間という時間制限，校内撮影という場の限定の中で考え，活動するように提示する。

流れ

アプローチのヒント

A 動きを探す・集める
- 風を見る…校庭の植物
- 校庭に水をまく
- 登校してくる顔・顔・顔

B 動きをつくる
- 転がるもの…傾斜台
- 水に溶ける色・形
- 変化する土

3~4人のカメラクルー結成

① 共通テーマを受けて，被写体とおおよそのコンセプトをグループで話し合う。

③ 3分間のシナリオを決定して，スタッフ分担をする。

② シナリオを決めるために，実地調査や製作するものなどの試作を行う。
　A ロケーション・ハンティング。校内外を歩き，観察しながらモチーフを選ぶ。
　B 「動きのかたち」などを試行・試作する。

「動きのあるもの」を撮影

④ A 現場にカメラを移動して，撮影する。
　B 全体活動時間を考えた素材や工法で，「動きのかたち」を製作し，撮影する。

3ミニッツ・シアター

⑤ 学級全員で，撮影した映像を鑑賞する。

⑥ 自分たちで「アカデミー賞」を選出し，授与する。作品賞・撮影賞・美術賞など。

⑦ 校内放送や，ギャラリーでの全校鑑賞を企画する。

提示 を変えると

アニメーション製作との違い

A・Bは，「動くものに近接する」か，「動くものをつくる」かの総合提示であり，どちらも「実物」を被写体に選んでその変容を撮影しています。一方，自分でつくったキャラクターなどをコマ撮りしていくアニメーションは制約も少なく取り組みやすい活動と言えるでしょう。

題材のよみとり

カメラクルーであること

3分のコンセプトを，グループで練ることがこの活動の大切なアプローチになります。大切なのは，撮影に至るまでの様々なステップをつくって，実行していくことなのです。ですから，ここは個人の活動ではなく，グループでなければなりません。

学年	時間	活動	場所
高～高校生	2	個人	教室, 図工室　暗い場所で鑑賞

ライトを使った造形活動

2 ボックス&ライト・アート

黒く塗った空箱の中に，自分で選んだ「もの」を詰め，ライトを照らしてボックスアートをつくる。

ねらい　材料をボックスの中に，材料同士の関わりや効果を考えて配置し，アートな世界をつくりだす。

素材　LEDライト2~3個，ブラックボックス，コラージュ素材（不用な日用品・小石・木切れ・綿・布・針金など）
＋ホットメルト，木工用接着剤

提示　自分で持ってきた素材を見ながら，足りないものは素材コーナーから自由に選べるようにしておく。

流れ

① 選んだ紙箱に，黒スプレーをかけてブラックボックスをつくる（同じような箱が大量にない場合は，ダンボールをカットしてつくる）

② 自分で持ってきたものや，準備された「コラージュ素材」からいくつか選び，加工しながらボックス内部に設置してみる。

③ LEDライトの効果を試しながら，さらに材料を加え，配置が決定したらホットメルトで固定する。

④ 細かな部品を木工用接着剤で接着する。

⑤ 教室で見合ったり，暗い場所で展示して他学年の子どもに見てもらう「ボックス・アート展覧会」を開く。

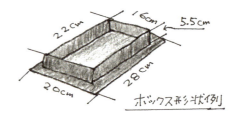

明蓬館高校生徒作品

素材を変えると

ボックス（入れ物）を変える

クリアボックスを使うと，いろいろな角度から見ることができ，立体感が出ます。また，ボックスではなく空間を使い，グループで床に生活用品などを配置する活動にも展開できます。

題材　3Dボックス・コラージュ（高学年～高校生）
アート・スペース（高学年～高校生）

題材のよみとり

肝心なのは「いつ固定するか」

おおよその全体イメージが浮かんだら固定していくよう伝えますが，固定するタイミングにも個性があります。いくつか安定させないと，進みたくない子どももいます。大切なことは子どもに「いつ貼るか」のタイミングを考えさせることです。

column
ノスタルジック素材ものがたり

粘土おじさん

子どもの頃に出会った粘土おじさんの話をします。そのおじさんは，れっきとした「商売人」でした。下校時間になると，道端に置かれた木箱の上に，粘土，粘土型，金銀銅の粉などを並べて，僕らを待っているのです。僕らは一旦家に帰り，空き箱でつくった「粘土箱」を抱えて集まります。型に粘土を押しつけると，そこにはその時代の相撲取りなどのヒーローがレリーフで現れます。そこに綿棒なようなもので，金，銀，銅の粉を選んで付着させ，なるべくきれいに仕上げるのです。それを僕らは手に持って，おじさんの「評定」を受けに並びます。すると，おじさんはその「作品」を，上から小さな紙片をギュッと押しつけて壊すのです。紙片には手書きで1から3までの数字が書かれていました。思い出す限り，0はなかったと思います。評定点数が貯まると，小さな粘土から，粉もの，それからかなりの点数で素焼きの型と交換できます。もちろん，僕らは貴重な小遣いからこの遊びの「素材」を買うのです。やがてわたしは評定の「傾向」を見ることになります。粘土自体の丁寧な成形より，その表面に塗った金銀の粉の量が多いほど「高得点」が出ることを。こうして，僕らは粘土おじさんの商法にのりながらも，日が暮れるまで，「道端図工」に没頭したものです。画家の安野光雅氏が，かつて小学校の図工専科をしていた時代，この粘土おじさんと子どもたちのやりとりを横目に，かすかな嫉妬心を覚えたと後のエッセイで語っていました。わたしも，無我夢中になって粘土遊びをしていた「あの頃の自分」に，同じような思いが湧いてくるようです。

こんな図工おじさんは，お祭りの露店にも現れます。「針金おじさん」がそうです。シートに胡坐をかいたおじさんに手にはペンチ一丁。あっという間に針金を曲げたり，切ったりした「ゴム鉄砲」や「三輪車」が目の前に現れるのです。おじさんの前には，ずらりと「製品」が並び，それが店頭販売されます。

まだまだ，化成品の生活用品が出始める前のことです。肉屋さんは竹の皮で肉を包み，魚屋さんは，経木で魚を包み，豆腐屋さんには容器を持っていきました。駄菓子屋さんには，新聞紙の袋に詰められた「付録紙工作玩具」が中を確かめらないままに，吊り下げられていました。僕らは外から袋を触り，その中身を想像しながら，袋を引き取るのです。

僕らのズボンのポッケには，小さな折りたたみののこぎりがはめ込まれた「肥後守」がつっこまれておりました。竹藪に入り込んでは，それで竹を切り，遊び道具をつくったものです。

「見えなくなった」素材

ラジオの裏には，妖しげに光る真空管が何本か並んでいました。出始めた白黒テレビの動くアニメに，眼を見張りました。やがて，カラーテレビの時代が到来し，チャンネルはガチャガチャの回転式からプッシュ式になっていきます。テレビの裏側を見ても，パーツはコンパクトな集積回路になり，部品は覆われました。集積回路の普及はやがて，テレビの外観も変え，外枠の木材はプラスチックになっていきました。高校生の頃開通した新幹線の速さのように，生活の中の素材はどんどん覆い隠され，やがて見えなくなっていきました。

素材を遡る

図工・美術は，実はノスタルジックな教科かも知れません。何より，働きかけがアナログです。ここで見えなくなった素材を遡上します。木片や土，紙，石と直に触れることや，それらを加工することは，今や図工・美術でしかできない体験かもしれません。素材から感じ，考え，つくりたいものを自らの手と頭で創り上げることは，人類文明への回帰であり，豊かな素材遡上でもあります。それは，人の手によって改変できる素材との，実にノスタルジックな実体験なのです。

場所・環境

本書では環境まで「素材」の枠に入れます。

室内でも，空間の活用によって多様な活動が繰り広げられます。

まずこの「場の工夫」が環境へのアプローチとも言えます。しかし，室内だけで造形活動を限定するとしたら，それは造形の可能性を閉じてしまうものになるかもしれません。図工室・美術室から飛び出すことも環境へのアプローチです。そこには広がる空間のみならず，まぶしい陽光があり，そこに影が生まれ，風も気持ちよく吹き抜けています。長い木材（4mの垂木材など）も，切らずにそこに置けます。それを校庭に立てたら，そこには見上げるばかりの木材が現れます。横たわっていた木材の「長さ」が，野外の空間で「高さ」として変換されるのです。

つまり，素材は「その場」によって大きく左右されます。素材のあり様は，「その場」との関わり合いによります。環境へのアプローチが，素材への新たなアプローチを引き起こすことになるのです。実践「カーペンターズ」（▶p.58）の活動は，屋外（校庭）という環境素材が，「2階建てにしてもいいかも」という，造形活動を底から支える意欲，つまりアプローチの源となっているのです。

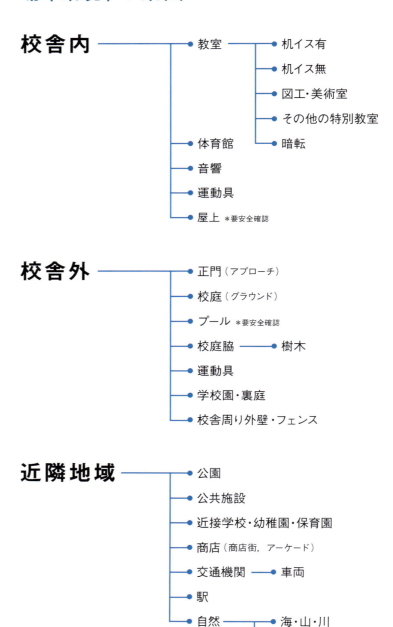

場（環境）の系図

- **校舎内**
  - 教室
    - 机イス有
    - 机イス無
    - 図工・美術室
    - その他の特別教室
    - 暗転
  - 体育館
  - 音響
  - 運動具
  - 屋上 *要安全確認

- **校舎外**
  - 正門（アプローチ）
  - 校庭（グラウンド）
  - プール *要安全確認
  - 校庭脇 ── 樹木
  - 運動具
  - 学校園・裏庭
  - 校舎周り外壁・フェンス

- **近隣地域**
  - 公園
  - 公共施設
  - 近接学校・幼稚園・保育園
  - 商店（商店街，アーケード）
  - 交通機関 ── 車両
  - 駅
  - 自然
    - 海・山・川
    - 森林

環境・場所への アプローチマップ

| 高学年 | 2-4 時間 | 個人 活動 | 教室・図工室 場所 | 屋外で調整しながら設置する |

環境を使った造形活動

風とあそぶ

野外に，風を受けて動く「装置」を設置する。

- **ねらい**　「風を受けたら」という予想をもって，素材や取りつけを考えていく。
- **素材**　土台となる木材，風受け材（スズランテープ，アクリル丸棒3mmφ，布，紙，ビニル），支持材（細角材，木枝，細竹）＋はさみ，工具など
- **提示**　風受け材と支持材を並べておき，試しながら選べるようにする。

流れ

① 「風を受ける装置」について，素材を触って考えながら，製作案を立てる。
② 風受けのための有効な土台を木材で製作する。地面からある程度の高さがあると，「風受け」がより効果的となる。
③ 支持材や回転器具など活用し，風受け素材を土台に組み込む。
④ 「風受け装置」を屋外に設置し，調整しながら，風の動きを見る。

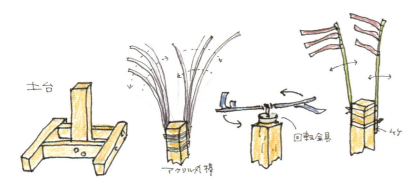

提示 を変えると

風を使った「風あそび」

土台がなくても大丈夫。砂場に細材を挿して，その棒に風受け材を取りつけ，たなびく様子を楽しむ活動にすれば，低学年でも気軽に取り組めます。

題材 「砂場でユラリン」（低学年）

題材のよみとり

土台からつくる

本実践は夏休みワークショップで実施し，対象者が1〜6年生と幅広かったため，土台を事前にこちらで製作しました。対象が高学年に限定される場合，土台も子どもたちに風受け素材と一緒に考えさせ，製作するとよいでしょう。

| 中 学年 | 2 時間 | グループ（3〜4人） 活動 | 校庭 場所 |

環境を使った造形活動

2 影すくい 影ひろい

屋外にある影を見つけてトレース紙のスクリーンに映したり，いろいろなものを配列したりする。

- **ねらい** 透過する光を見ながら素材を選び，組み合わせながら，形と色の美しさを見つける。
- **素材** スクリーン（木枠にトレース紙を張ったもの／50×100cm），自然収集材，色セロハン，プラコップなど ＋セロハンテープ，はさみ
- **提示**
  - 収集してよいもの，だめなものを明確に伝える。
  - 人工材は，最初に全員に渡すのではなく，必要があれば使えるように並べておく。

流れ

① 図工室で，スクリーンに映る影やものの形や色を確かめ，活動内容をつかむ。
② 野外（校庭）に出て，影や光が映る様子を見ながら，どんな影をつくるかを探す。
③ 用意したものや，収集した葉や枝の配列を考えて，スクリーンの上に置いてみる。
④ スクリーンを見ながら，置くものや配列を変えたりして，グループで影をつくり上げる。
⑤ 自分たちのスクリーンのよいところを見つけたり，他のグループのスクリーンをのぞいてみたりする。

実践協力：宮内愛（清瀬市立清瀬第八小学校）

提示 を変えると

体育館で，強いライトを使う

光源位置の調整のため，スクリーンは立てられ，体育館にある用具の形を生かした幾何学的な影の構成ができるでしょう。さらに，用具を前後に移動させることで，拡大やぼかしの効果も取り入れることもできます。

題材のよみとり

動きながら考える

光や影の造形活動は，最初から構成してしまったものを野外に出すとか，光源に当てるのではなく，この実践のように，光と一緒にものを置いたり，外したり，見ながら・動きながら，いい影を見つけていくことが大切でしょう。

| 中 学年 | 2-4 時間 | グループ（4人）活動 | 校庭 場所 |

環境を使った造形活動

3 ウォーター・パラダイス

グループになって，穴のあいたパイプを接合し，噴水をつくって遊ぶ。

ねらい 水の流れと，噴射を考えながら，水道パイプをつなげた全体の形を考えながら組んでいく。

素材 水道パイプ（30，50，100cmにカット）に穴をあけたもの，あけていないもの
＋ビニルテープ，はさみ，古い児童イス　など

提示
・パイプは長さや穴の有無で仕分けをし，接合パーツも分けた状態で提示する。
・水着での作業となるため，ビニルテープを切るはさみはグループでまとめてプラスチック容器などに入れておく。

流れ

① 水道パイプの種類（穴のあいたパイプ，あいていないパイプ）と長さ，接合パーツがいろいろあることを知る。
② グループで，イスを生かしたりした噴水装置の全体の形について話し合う。
③ 方針に合わせて水道パイプを接合し，水の流れを考えながら組んでいく。
④ 水を流し，試しながら，自分たちの噴水をつくり上げていく。
⑤ 下の学年の子を招待し，一緒に水遊びをする。

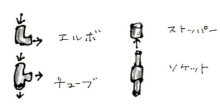

 題材のよみとり

ねらいを変えると

水を使わない

接合パーツによって，いろいろな組み合わせができます。それはまるで，レゴのように，全体の形を描きながら部分を組む作業のようです。パイプの接合だけでも，その構築によって面白い造形が立ち現れます。

水遊び大好き

これはパイプではなく，水が主役の活動です。季節による，こんな造形遊びを年間指導計画に取り入れることも造形の広がりです。子どもへのサービス満点の図工もいいでしょう。

column
四季と寄り添う全校造形活動

造形活動を設定する上で「季節」は，大きな条件です。その季節の気候，温度，何よりもその季節の環境などが条件になります。季節そのものから活動が生まれることもあります。季節がそのまま，私たちを大きく包むような素材でもあるかのようです。

春

校庭の桜が満開になったら，うきうき，じっとしていられない気持ちになります。そんな季節を表現するというよりは，自分の方から，身体ごと季節の中に入り込んでしまう，そんな春の始まりの造形活動が自然です。桜の樹の下で，ちらちらと舞う，花びらとあそぶ図画工作があってもいいです。
春を探しに，園庭の花をうそっこカメラで，パチリ。1年生の「春のカメラマン」です。二つ折りにした画用紙を「カメラ」に，小さな紙をフィルムに見立て，その場でスケッチし，教室に戻って春のアルバムづくりをします。それは「春の写生をしましょう」より，ずっとずっと季節に入り込める活動でしょう。
集めた桜の花びらを図工室に持ってきた高学年の子どもたちは，机の上に広げられたビニルシートに，その花びらを並べます。上からもう1枚のシートを覆い花びらをはさみ込み，「桜のカーテン」をつくります。できたカーテンは校舎のあちこちに吊り下げられます。

夏

梅雨空が続いていますが，校庭のあちこちに忙しそうに，ヘルメット姿の5年生が立ち回ります。その校庭の隅には，数件の建設中の建物が点在します。小屋ではなく，「ハウスです」と言われました。
5年生の「カーペンターズ」（▶p.58）が，今年も夏の校庭に戻ってきました。雨を気にしての「工事」ですが，外仕事が気持ちのよい，毎年の「季節建設業者」の仕事ぶりです。このカーペンターズを含めて，全校で造形物を持ち寄る「ふれあい広場」は，ちょっと早めの学校の夏祭りです。
3年生のにぎやかな歓声も，その「水遊び」の飛沫とともに，夏の校庭の風物詩です。グループで水道パイプを「配管」して自家噴水装置をつくる「ウォーターパラダイス」（▶p.130）です。周りにいた6年生が，こうつぶやきます。「もう一回，やりたいな」と。でもこれはね，3年生の夏にしかできない，一生一回きりのパラダイスなのです。

秋

秋の日差しや，風もなかなかいいものです。カラービニル袋を切って，貼り合わせた枠組みを秋の光にかざしてみます。あちこち光を受けて設置されたのが4年生「どこでもステンドグラス」（▶p.100）です。透過した色が校庭の地面にスクリーンに映り，枯葉も一緒に役者になります。それは秋の幻灯会です。
体育館では，もうすぐ始まる校内作品展の準備が進みます。今回の2年生の「あそんだアート」（学年での共同造形）はステージいっぱいに，カラフルリボンや裂かれた布が垂れ下がります。きれいな色がステージの上から，体育館のフロアにまで，落ちて流れ込みます。秋の名瀑「リボンの滝」です。

冬

ひんやり冷たい粘土を先生から受け取り，全校「お好み焼き」（▶p.76）です。それぞれの手で「お好み」の形をつくって，焼き物にします。
6年生は，3学期を丸々使って「一枚の板から」。小学校図工の最後の作品をつくります。3月になったら，「卒業制作展覧会」で全校の子どもたちに見てもらい，中学へはばたきます。
季節を感じ，季節を受け取り，子どもたちがまた今年も造形活動を紡ぎます。それは，自然と一緒に，季節の巡りとともに「大きく」なっていく育ちを見るようです。造形もそんな育ちに，そっと，寄り添います。

あとがき

造形活動は,《素材》を揃える教師と, そこから《材料》を獲得する子どものせめぎ合いのようにも見えます。それは, 教師の一方的な付与ではなく, まさに天からの賜りものを, 子どもとシェアしているかのようです。

仙厓の墨絵「お月さまいくつ」の, 描かれていない月を指さす布袋様と子どものような, そんな肩並べが, この教育の大切なところと常から感じ入っております。しかし,「豊かなもの」は, 黙っていても天から降ってはきません。それを, 教師がまず, 探し回らねばならないのです。見つけたら, 次はどう子どもに関わらせるかという接点を考え, 図らねばなりません。逆に, 目の前の子どもに体験させたい活動を設定して, その活動が豊かに展開するために, という視点から《もの―素材》を探したり, 試したりすることもあります。

図工・美術教育は,「教師による素材の揃え」から展開していきます。多様な素材提示から, そのアプローチから, 子どもが学び, 体験すること, それぞれを意図的計画的に配置することが, 図工・美術教育です。

この本で示されている素材の分類やその見方は, 私が長年, 子どもと肩を並べつつ, 素材と子どもの関わりを見つめつつ, そこから「獲得」してきたものであります。この本を手にした方々は, この本をきっかけに自ら素材を選び出し, 揃え, 目の前の子どもたちとの関わりの中で, それぞれが素材の見方を深めてほしいと願うところです。

いまだ現職を自認し, 常に造形素材を求めつつ, 図工・美術教育は何のためにあるのかをも, 一緒に探し回る日々であります。

本書制作に向け, 編集担当の佐々木彩さんには, 企画当初から, この素材に連なる図工・美術探しに, ご同行いただきました。

ここに深く, 感謝申し上げます。

2016年10月31日

著者略歴

- 1947　千葉県船橋市生まれ
- 1962　民間会社勤務
- 1974　墨田区立二葉小学校着任
  - 以後，墨田区立錦糸小学校
  - 品川区立第一日野小学校
  - 品川区立第三日野小学校
  - この間　東京都図画工作研究会　研究局長，副会長を歴任
- 2002　読売教育賞　美術教育部門最優秀賞受賞
- 2004　ドキュメンタリー映画『トントンギコギコ図工の時間』公開
- 2012　退職後，モンテッソーリ白金子供の家（造形担当）
- 現在　東京都足立区 ギャラクシティ／造形講座「アートフル・ガレージ」担当
  - 明蓬館高等学校・美術講座担当

参考文献・資料
1. 『トントンギコギコ図工の時間』2005　DVD，パンフレット
   野中真理子事務所オフィシャルサイトにて好評発売中！ http://nonaka-mariko.com/purchase/
2. 「アートフル図工の授業」2012　内野 務・中村 隆介著　日本文教出版株式会社
3. 「図画工作・美術　用具用法事典」1996　相田 盛二著　日本文教出版株式会社
4. 「文具・道具の使い方」2007　鈴石 弘之・内野 務・中村 隆介著　小学館
5. 「BSS　図工・美術カタログ2016」2016　美術出版エデュケーショナル

実践協力・資料提供
宮内 愛　清瀬市立清瀬第八小学校　図工専科　「影すくい　影ひろい」授業実践
有馬 楓　多摩市立聖ヶ丘小学校　図工科　「布パラダイス」写真提供
瀬在 恵里　墨田区立錦糸小学校　図工専科　「ニュースペーパー・スペース」写真提供

協力
東京都品川区立第三日野小学校
東京都足立区 ギャラクシティ
神奈川県相模原市立桜台小学校
深沢教材
明蓬館高等学校
モンテッソーリ白金子供の家

表紙写真　ただ（株式会社ゆかい）

本文写真　ただ（株式会社ゆかい），池ノ谷侑花（株式会社ゆかい），大崎えりや，大関雄次郎

イラスト　内野 務

造形素材にくわしい本
子どもが見つける創造回路

2016年（平成28年）11月28日　初版発行
2022年（令和 4 年）1 月14日　2 刷発行

著　者	内野 務
発行者	佐々木秀樹
発行所	日本文教出版株式会社
	https://www.nichibun-g.co.jp/
	〒558-0041
	大阪市住吉区南住吉4-7-5
	TEL:06-6692-1261
デザイン	守屋史世（ea）
印刷・製本	株式会社シナノ

©2016 Tsutomu Uchino　Printed in Japan
ISBN978-4-536-60090-3

定価はカバーに表示してあります。本書の無断転載・複製を禁じます。
乱丁・落丁本は購入書店を明記の上，小社大阪本社業務部（TEL：06-6695-1771）あてに
お送りください。送料小社負担にてお取り替えいたします。

アートフル 図工の授業 発売中
子どもをひらく題材ノート

東京都のベテラン図工専科2人による，初の実践題材集

全45題材の実践を通して，6年間のつながりを意識した題材開発の視点や，言葉かけの工夫などをわかりやすく掲載しました。
子どもに内在する豊かさを引き出す，「スゴイ」授業の秘密が満載です。

- 6年間のつながりを意識した題材開発の視点
- 題材ごとの材料や用具，場の設定のポイント
- 活動の「自由」と「制限」の考え方
- 具体的な働きかけの言葉・指導の工夫
- 図工が育てる子どもの資質や能力

著 内野務
　 中村隆介

定価 **2,700**円（本体2,500円＋税8％）
A4判　112頁　ISBN978-4-536-60047-7

内容紹介（一部）

■1・2年生
- はじめての絵
- おもしろハット！！
- ペンキやさん
- ワンダーランドへ！
- 紙の大工さん　…など

■3・4年生
- 図工室たんけんたい
- インドア・マイ・ガーデン
- ペタンペタン・ハウス
- 土でかく絵
- 木のものがたり　…など

■5・6年生
- イノチのかたち
- ジャングルの生命
- ズラシックパーク
- 人のいる風景
- 一枚の板から　…など

■題材の他にも
- 図工室の設定の工夫
- 校内での活動の工夫
- 地域とつながっていく造形活動
- 美術館・アーティストと つながっていく造形活動

この他にも魅力的な題材が盛りだくさん！

お求めは，最寄りの書店でお願い致します。
※商品のお問い合わせは，お手数ですが，小社大阪本社業務部へお願い致します。

日本文教出版webサイトでは、各教科情報や、教育読み物、各種ダウンロード資料などを随時公開中！　　[日文] [検索]